कृत्रिम उपग्रहों की संरचनात्मक अभिकल्पना

पुरुषोत्तम गुप्ता

वैज्ञानिक/इंजीनियर

अंतरिक्ष उपयोग केंद्र, इसरो, अहमदाबाद

इसरो isro

प्रभात प्रकाशन, दिल्ली

ISO 9001:2008 प्रकाशक

प्रकाशक • **प्रभात प्रकाशन**
4/19 आसफ अली रोड,
नई दिल्ली-110002

संस्करण • प्रथम, 2018
मूल्य • तीन सौ पचास रुपए
मुद्रक • आर-टेक ऑफसेट प्रिंटर्स, दिल्ली

KRITRIM UPGRAHON KI SANRACHNATMAK ABHIKALPANA
by Purushottam Gupta ₹ 350.00
Published by Prabhat Prakashan, 4/19 Asaf Ali Road, New Delhi-2
e-mail: prabhatbooks@gmail.com ISBN 978-93-5266-456-6

अनुक्रम

आभार

इस पुस्तक को लिखने में अनेक विद्वानों द्वारा लिखित संदर्भ ग्रंथों की सहायता ली गई है। लेखक इन सभी का हृदय से आभारी है।

इस पुस्तक को लिखने की प्रेरणा एवं उत्साहवर्धन हेतु, लेखक, श्री तपन मिश्र निदेशक, श्री ए.एम. झा उप-निदेशक, श्री पी.जे. सोनी समूह निदेशक एवं डॉ. भवदीप सिंघ मुंजाल प्रधान संरचनात्मक प्रणाली प्रभाग, अंतरिक्ष उपयोग केंद्र, अहमदाबाद का हृदय से आभारी है।

पुस्तक में दिए गए संरचना विश्लेषण के उदाहरणों में कंप्यूटरीकृत रेखाचित्रों का उपयोग किया गया है। इनके लिए लेखक, अपने अंतरिक्ष उपयोग केंद्र के सहयोगियों को धन्यवाद देता है।

लेखक, टंकण सहयोग के लिए केंद्र के हिंदी सदन का हृदय से आभारी हूँ।

अंत में लेखक, केंद्र की तकनीकी पुस्तक समीक्षा समिति के अध्यक्ष श्री दीपक दास, उप-निदेशक एवं सभी सदस्यों का आभार व्यक्त करता है।

—पुरुषोत्तम गुप्ता

आमुख

प्रकृति के रहस्यों को सुलझााने की मानवीय प्रवृत्ति के कारण अनेक आविष्कार और खोजें हुई हैं। कृत्रिम उपग्रह इनमें से एक है। कृत्रिम उपग्रह और इनके उपयोगों से आज की दुनिया अपरिचित नहीं है। यह सामान्य सी बात है कि जब हमें किसी बड़े क्षेत्र का निरीक्षण करना हो तो हम उस क्षेत्र में स्थित सबसे ऊँचे स्थल पर खड़े होकर करते हैं। इसी प्रकार कृत्रिम उपग्रह पर दूरबीन और अन्य उपकरण स्थित पर हम पृथ्वी और अन्य ग्रहों का निरीक्षण करते हैं। इस उपग्रह रूपी प्लैटफार्म पर उपकरणों की अंतरिक्ष यात्रा अत्यंत कठिन होती है। जिस प्रकार हमें वाहनों में यात्रा के दौरान विभिन्न प्रकार के कंपनों का सामना करना पड़ता है, उसी प्रकार उपग्रह एवं उस पर स्थित उपकरणों पर कंपन का प्रभाव होता है।

इस पुस्तक में उपग्रह एवं उस पर स्थित उपकरणों को अंतरिक्ष यात्रा एवं कार्यकाल के दौरान आने वाली विकट परिस्थितियों से बचाने के लिए किए जाने वाले उपायों की चर्चा की गई है।

यह पुस्तक मुख्यत:, विज्ञान एवं तकनीकी के महाविद्यालयीन छात्रों के लिए लिखी गई है, तथापि यह उच्चतर माध्यमिक कक्षा के विद्यार्थियों एवं विज्ञान में रुचि रखने वाले सामान्य जन के लिए भी उपयोग होगी।

पुस्तक के विभिन्न अध्यायों में अंतरिक्ष के वातावरण, उपग्रहों की विभिन्न प्रणालियाँ और उनमें प्रयुक्त पदार्थ, संरचनाओं की सामान्य जानकारी, विश्लेषण की विधियाँ, उपग्रहों पर लगने वाले विभिन्न प्रकार के बल, उपग्रहों की अंतरिक्ष में उड़ान से पूर्व पृथ्वी पर किए जाने वाली विभिन्न परीक्षण आदि के बारे में जानकारी दी गई है।

अध्याय-10, 12, 13 एवं 14 में संरचना विश्लेषण के उदाहरण दिए गए हैं, जो कि विषय में विशेष रुचि रखने वाले पाठकों के लिए उपयोगी होंगे।

पुस्तक सरल भाषा में लिखी गई है और जहाँ भी आवश्यक हुआ है, कोष्ठक में अंग्रेजी भाषा के पर्याय दिए गए हैं।

पुस्तक के अंत में अंग्रेजी-हिंदी शब्दावली एवं संदर्भ सूची दी गई है। यह लेखक की प्रथम पुस्तक है। पुस्तक को और अधिक रोचक एवं ज्ञानवर्धक बनाने के लिए प्रबुद्ध पाठकों के सुझावों का स्वागत है।

—पुरुषोत्तम गुप्ता

1.0 भूमिका

सामान्यत: उपग्रह एक प्राकृतिक या कृत्रिम पिंड है, जो कि किसी ग्रह की परिक्रमा करता है। भूस्थैतिक उपग्रह का विचार विज्ञान गल्प लेखक आर्थर सी. क्लार्क ने वायरलेस वर्ल्ड नामक पत्रिका में सन् 1945 में अपने लेख में दिया था। इसके लिए उन्होंने कृत्रिम उपग्रहों को एक ऐसी कक्षा में स्थापित करने की बात कही थी, जिसमें उपग्रह का पृथ्वी का एक चक्कर लगाने का समय पृथ्वी के घूर्णन काल के बराबर हो। इस प्रकार यह उपग्रह पृथ्वी से देखने पर स्थायी प्रतीत हो। उन्होंने यह भी कहा कि यदि ऐसे उपग्रह में आवश्यक उपकरण लगा दिए जाएँ तो यह एक अंतरराष्ट्रीय संचार का माध्यम बन सकता है।

इस कल्पना के बारह वर्ष बाद सन् 1957 में सोवियत रूस द्वारा अंतरिक्ष में स्पुतनिक नामक प्रथम उपग्रह स्थापित किया गया। भारत में उपग्रहों द्वारा विकास के कार्यों को मजबूती प्रदान करने हेतु सन् 1962 में INCOSPAR नामक सलाहकार समिति का गठन और फिर सन् 1969 में भारतीय अंतरिक्ष अनुसंधान संगठन (ISRO) की स्थापना की गई (डॉ. विक्रम साराभाई इसरो के प्रथम अध्यक्ष थे)।

भारतीय अंतरिक्ष अनुसंधान संगठन, इसरो ने अंतरिक्ष में भू-स्थिर और सुदूर संवेदन उपग्रह प्रणालियाँ स्थापित की हैं। उपग्रहों को अंतरिक्ष में स्थापित कर जनहित के अनेक कार्य किए जाते हैं। इनमें भू-मानचित्रण, कृषि संबंधी जानकारी, संचार, मौसम, खोज एवं बचाव, आपदा प्रबंधन आदि प्रमुख हैं। भू-स्थिर उपग्रहों का उपयोग दूर संचार, शिक्षा, स्वास्थ्य आदि कार्यो के लिए किया जाता है जबकि सूदूर संवेदी उपग्रहों का उपयोग प्राकृतिक संसाधनों के प्रबंधन, मानचित्रण, आपदा प्रबंधन आदि के लिए किया जाता है।

आज भारत के संचार, सुदूर संवेदन और नौवहन संबंधी अनेक उपग्रह अंतरिक्ष में सफलतापूर्वक कार्य कर रहे हैं। चन्द्रयान एवं मंगलयान जैसे सफल अंतरग्रहीय अभियानों के साथ भारत ने अंतरिक्ष के क्षेत्र में नई ऊँचाइयों को छुआ है।

अंतरिक्ष प्रोद्योगिकी को प्रमुख रूप से दो भागों में विभाजित किया जा सकता है : उपग्रह प्रौद्योगिकी एवं रॉकेट प्रोद्योगिकी। उपग्रह प्रोद्योगिकी के अंतर्गत उपग्रह का डिजाइन, विकास, निर्माण, परीक्षण, उपयोग एवं भू-केंद्रों की स्थापना आदि शामिल हैं।

उपग्रह का अभिकल्पन (डिजाइन) एक जटिल प्रक्रिया है। इसमें विज्ञान एवं तकनीकी की लगभग सभी विधाओं का उपयोग होता है यथा, संरचनात्मक, वैद्युत, इलेक्ट्रॉनिकी, भौतिकी, रासायनिक, यांत्रिकी आदि। प्रस्तुत लेख में इन्हीं विधाओं में से एक संरचनात्मक अभियांत्रिकी पर विचार किया गया है। उपग्रहों के अभिकल्पन में भी संरचनात्मक इंजीनियरिंग के उन्हीं मूलभूत सिद्धांतों का उपयोग होता है जो कि भवनों, पुलों, बाँधों आदि सर्वविदित संरचनाओं के अभिकल्पन में प्रयुक्त होते हैं।

उपग्रहों में अनेक वैज्ञानिक उपकरण और प्रणालियाँ लगाई जाती हैं, जिन्हें नीतभार कहते हैं।

नीतभारों में छातानुमा ऐंटेना, कैमरे, धातु के आवरण, पी.सी.बी, छोटे-छोटे इलेक्ट्रानिक घटक, तांबे के तार, सोल्डर, आदि शामिल हैं। उपग्रह की सफलता इन नीतभारों के सुचारु रूप से कार्य करने पर निर्भर करती है, जिसमें यांत्रिक और विद्युत् कार्य क्षमता शामिल है। संरचनात्मक अभिकल्पन द्वारा नीतभारों की यांत्रिक कार्य क्षमता निर्माण से पूर्व ही ज्ञात कर ली जाती है।

उपग्रह के संरचनात्मक अभिकल्पन के लिए प्रयुक्त आँकड़ों में, रॉकेट में उपलब्ध स्थान, उपकरणों की उपग्रह पर स्थिति, वातावरण को सहन कर सकने वाले पदार्थ, द्रव्यमान, कंपन एवं तापीय भार आदि शामिल हैं। एक सफल अभिकल्पन के पश्चात् उपग्रह का कंपन, तापीय एवं निष्पादन (Performance) परीक्षण किया जाता है।

2. अंतरिक्ष का वातावरण

निर्माण से लेकर अंतरिक्ष प्रक्षेपण और कक्षा में भ्रमण के दौरान उपग्रह पर विभिन्न प्रकार के वातावरण का प्रभाव पड़ता है। उपग्रह इन वातावरणों में संतोषजनक रूप से अपना कार्य संपन्न कर सके, इसके लिए उपग्रह का परीक्षण पृथ्वी पर उसी प्रकार के वातावरण को अनुरूपित (Simulate) करके किया जाता है। उपग्रह पर निम्नलिखित वातावरणों का प्रभाव पड़ता है।

2.1 तापमान परिवर्तन

पृथ्वी के वायुमंडल से बाहर निकलने पर उपग्रह को निर्वात (Vacuum) का सामना करना होता है। निर्वात की स्थिति के कारण, उपग्रह के तापमान में अत्यधिक उतार-चढ़ाव होता है। उदाहरणत: उपग्रह स्थित ऐंटेना का तापमान न्यूनतम-168°C और अधिकतम 80°C तक हो सकता है। कुछ अन्य संवेदनशील उपकरण, जो तापमान के अधिक उतार-चढ़ाव के कारण अपनी गुणवत्ता खो देते हैं, इनको तापमान प्रबंधन के द्वारा न्यूनतम-10°C और अधिकतम 50°C तक के तापमान के बीच रखा जाता है। तापमान प्रबंधन ऊष्मकों (Heaters), शीतलकों (coolers), ऊष्मा नलियों (Heat pipes) आदि द्वारा किया जाता है। इसी प्रकार, इलेक्ट्रॉनिक परिपथों और इलेक्ट्रॉनिक अवयवों (components) को तापमान प्रबंधन द्वारा नुकसान से बचाया जाता है। अंतरिक्ष का तापमान वहाँ विद्यमान अणुओं की गति के आधार पर आँका जाता है। तापमापी (थर्मामीटर) द्वारा तापमान का मापन संभव नहीं है, क्योंकि अंतरिक्ष में अणुओं की सघनता अत्यंत विरल होती है। तापमापी, अपने आसपास के अणुओं के माध्यम से ताप का मापन करता है।

2.2 वायुमंडलीय दाब का अतिअल्प समय में क्षीण होना

पृथ्वी पर वायुमंडलीय दाब 1 'बार' होता है, जबकि अंतरिक्ष में यह दाब अत्यन्त क्षीण होकर 10E-14 मिलीबार तक पहुँच जाता है। इसके कारण उपग्रह पर दाब प्रघात (pressure shock) लगता है। इसके अतिरिक्त उपग्रह के पदार्थों, जिनमें कार्बनिक पदार्थ जैसे कि पोलीमर आदि पर विपरीत प्रभाव पड़ता है और वे अपनी गुणवत्ता खो देते हैं।

2.3 ब्रह्मांड किरणों का प्रभाव

ब्रह्मांड किरणों के MeV (10 लाख इलेक्ट्रॉन वोल्ट) श्रेणी के उर्जित एवं आवेशित कण पृथ्वी के चुंबक मंडल, अंतराग्रहीय अंतरिक्ष एवं पराग्रहीय चुंबक मंडल में विद्यमान होते हैं। अंतरिक्ष का विकिरण

(radiation), पराबैंगनी, आवेशित कण या आणविक आक्सीजन द्वारा हो सकता है। अंतरिक्ष में उपस्थित आणविक आक्सीजन, जो कि अल्पमात्रा में होती है, तेज गति से भ्रमण करते हुए उपग्रह का क्षरण कर सकती है। ब्रह्मांड किरणों के कारण उपग्रह के इलेक्ट्रॉनिक उपकरणों की कार्यक्षमता पर बुरा प्रभाव पड़ता है। ये किरणें उपग्रह पर आवेश उत्पन्न करती हैं। यह आवेश उपग्रह के किसी स्थान पर धन (+) और अन्य पर ऋण (–) होने पर चिंगारी उत्पन्न हो जाती है। इससे उपग्रह के ढाँचे एवं परिपथों को नुकसान पहुँचता है। तीव्र सौर गतिविधि के दौरान इसमें अचानक वृद्धि होने पर उपग्रह पूर्णतया क्षतिग्रस्त भी हो जाता है। विभिन्न कक्षाओं (orbits) के लिए, ब्रह्मांड किरणों का प्रभाव भिन्न होता है।

2.4 सूक्ष्म गुरुत्व जैसी स्थिति

पृथ्वी पर गुरुत्व (gravity) की उपस्थिति और अंतरिक्ष में सूक्ष्म गुरुत्व जैसी स्थिति होती है। इसके कारण उपग्रह स्थित उपकरण जैसे ऐंटेना डिश के आकार में सूक्ष्म परिवर्तन हो जाता है, फलस्वरुप पृथ्वी से संकेतों के आदान-प्रदान में त्रुटि उत्पन्न होती है।

सूक्ष्म गुरुत्व जैसी स्थिति का निर्माण गुरुत्वाकर्षण बल व कक्षीय भ्रमण के कारण उत्पन्न अपकेंद्रीय बल (centrifugal force) के संतुलन से होता है।

2.5 उपग्रह में प्रयुक्त पदार्थों की श्रांति (Fatigue)

अंतरिक्ष उपग्रह के भ्रमण के कारण उपग्रह के पदार्थों के कई बार ठंडा एवं गरम होने के कारण पदार्थ में उत्पन्न प्रतिबल भी कभी तन्य (Tensile) व कभी संपीडित (compressed) होते हैं। इससे पदार्थ की प्रतिबल (stess) सहन करने की क्षमता में कमी हो जाती है।

3.0 उपग्रहों का संरचनात्मक अभिकल्पन

उपग्रह संरचना का प्रमुख उद्देश्य नीतभारों (payloads) की सुरक्षा करना है। उपग्रह संरचना, इसके अतिरिक्त, विभिन्न प्रणालियों को उचित स्थान भी प्रदान करती है। इन्हीं उद्देश्यों (criteria) को ध्यान में रखकर उपग्रहों का अभिकल्पन किया जाता है। उपग्रह अभिकल्पन के प्राचल निम्नलिखित हैं—

1. पदार्थों का चयन
2. उपग्रह की विभिन्न प्रणालियों को उचित स्थान
3. प्रक्षेपण (launch) संबंधी आवश्यकताएँ
4. प्रक्षेपण, निर्माण व कक्षीय भ्रमण के दौरान सुरक्षा एवं कार्य संपन्नता

3.1 पदार्थों का चुनाव

पदार्थों का चयन विशेषज्ञों द्वारा सावधानीपूर्वक अध्ययन और आकलन (evaluation) द्वारा किया जाता है। प्रत्येक उपकरण/प्रणाली के लिए योग्य पदार्थ का उपयोग किया जाता है। नीतभारों के निर्माण में अपेक्षाकृत कम घनत्व, अधिक मजबूती और यंग मापांक (young's modulus) वाले पदार्थो का उपयोग किया जाता है। इनमें एल्युमिनियम व मैग्नेशियम की मिश्र धातुएँ शामिल हैं। इनका उपयोग नीतभारों के आवरण बनाने में किया जाता है। टाइटेनियम व उच्च शक्ति इस्पात का उपयोग नीतभारों में प्रयुक्त नट-बोल्टों में किया जाता है। कार्बन रेशा प्रबलित प्लास्टिक (CFRP) के ऐंटेना बनाए जाते हैं। तालिका-3.1

3.1.1 प्रत्यास्थता मापांक (modulus of elasticity) एवं घनत्व (density)

उपग्रह की प्रमोचन लागत द्रव्यमान पर निर्भर करती है। वर्तमान में भूस्थिर स्थानांतरण कक्षा में उपग्रह को प्रमोचित करने की लागत लगभग 30000 डालर प्रति किलोग्राम है। अत: उपग्रहों के निर्माण में अपेक्षाकृत कम घनत्व, अधिक प्रतिबल (stress) क्षमता एवं उच्च प्रत्यास्थता वाले पदार्थों का उपयोग किया जाता है।

तालिका-3.1

पदार्थ	यंग मापांक (कि.ग्रा/वर्ग मि.मी.) E	घनत्व d	स्थैतिक झुकाव बिंदु (कि.ग्रा/वर्ग मि.मी.)	चरम-तनन सामर्थ्य (कि.ग्रा/ वर्ग मि.मी.)	E/d×1000
इस्पात 304A	21000	7.8	100	130	2.7
एल्युमिनियम 6061-T6	7000	2.7	28	35	2.5
टाइटेनियम	11000	4.43	85	95	2.5
मेग्नेशियम zk61A	4500	1.7	18	27	2.7
कार्बन रेशा प्रबलित प्लास्टिक (CERP)	30000	1.6	--	180	18.6

3.1.2 तापीय प्रसरण गुणांक (coefficient of thermal expansion) और तापीय चालकता (thermal conductivity)

उपग्रह निर्माण में अपेक्षाकृत निम्नतापीय प्रसरण गुणांक वाले पदार्थ अपेक्षित हैं, ताकि अंतरिक्ष में तापमान परिवर्तन से उनके आकार में अपेक्षाकृत कम परिवर्तन हो। यह उपग्रह स्थित छातानुमा (Dish) ऐंटेना आदि के लिए और भी महत्वपूर्ण होता है, जिसके आकार परिवर्तन से पृथ्वी से संकेतों के आदान-प्रदान की गुणवत्ता पर विपरीत असर होता है।

इलेक्ट्रॉनिक उपकरणों के आवरण (Box) में उपयोग किए जाने वाले पदार्थों की तापीय चालकता उच्च होती है, जैसे कि एलुमिनियम एवं मेग्नीशियम। उपग्रहों के कुछ स्थानों पर उपकरणों को तापीय वियोजन (isolation) में रखने के लिए निम्न तापीय चालकता वाले पदार्थों का उपयोग किया जाता है।

3.1.3 चुंबकीय गुण

पृथ्वी का चुंबकीय क्षेत्र, उपग्रह की कक्षा को प्रभावित करता है। अत: उपग्रह में प्रयुक्त पदार्थों का अचुंबकीय होना आवश्यक है।

3.1.4 ब्रह्मांड किरणों के क्षरण से सुरक्षित

अंतरिक्ष में उपस्थित नाभिकीय कणों (इलेक्ट्रॉन, प्रोटान, न्यूट्रान) और भू-चुंबकीय किरणों के कारण पदार्थों के महत्वपूर्ण गुणधर्मों में अवक्रमण (degradation) हो जाता है। इन गुणधर्मों में तनन-सामर्थ्य, श्रांति सामर्थ्य, लचीलापन (flexibitity) तापीय चालकता (thermal exprisim), प्रकाशीय गुण (optical properties) (दूरबीन व कैमरा आदि के), शामिल हैं। अंतरिक्षीय विकिरण, उपग्रह की कक्षा पर निर्भर करता है। उदाहरण के लिए निम्बस (NIMBUS) नामक उपग्रह पर वार्षिक 1 MeV या उसे अधिक शक्ति वाले 2 × 10E+11 इलेक्ट्रॉन/से.मी.^{2} और 4 MeV या उससे अधिक शक्ति वाले 7×10E+9 प्रोटान/से.मी.^{2} की बौछार का अनुमान था।

3.1.5 अंतरिक्ष में उपस्थित आणविक आक्सीजन द्वारा पदार्थों का क्षरण

अंतरिक्ष में उपस्थित आणविक आक्सीजन द्वारा पदार्थों का क्षरण, उपग्रह की गति के कारण और भी अधिक शक्तिशाली होता है। इसके कारण पदार्थों के रासायनिक बंध (chemical bond) टूट जाते हैं। भिन्न पदार्थों में आणविक आक्सीजन का प्रभाव अलग तरह से होता है। उदाहरणत: धातुओं में एल्युमिनियम का क्षरण, स्वर्ण व प्लेटिनम से अधिक होता है। अत: अधिक क्षरण होने वाली धातुओं पर स्वर्ण की परत चढ़ाई जाती है। सिलिकान डाइऑक्साइड की महीन परत भी दर्पणों को आणविक

आक्सीजन के क्षरण से बचाने हेतु प्रयुक्त की जाती है। सौर पेनलों में प्रयुक्त रजत धातु भी आक्साइड की परत बन कर गिरने लगती है। इसके कारण सौर पेनलों का ऊर्जा उत्पादन क्षीण हो जाता है।

आणविक आक्सीजन का प्रभाव बहुलक (polymer) पदार्थ जैसे कि प्लास्टिक, आसंजक (bonding materials), लेप (paints/coatings), टेप, रबर, स्नेहकों (lubricants) आदि को हानि पहुँचाता है।

3.1.6 निर्वात के प्रभाव से मुक्त

उपग्रह निर्माण में प्रयुक्त पदार्थों को 10E−14 मिलीबार तक के निर्वात को तापमान के विस्तृत उतार-चढ़ाव के साथ सहन करना होता है। इसके कारण बहुलक (polymer) पदार्थों से गैस निष्कासन होता है। इसके कारण न केवल इनका क्षरण होता है वरन् दूषित पदार्थ (contaminants) भी उत्पन्न होते हैं। ये पदार्थ उपग्रह के उपकरणों और परिपथों पर जमा होकर उनकी गुणवत्ता को नुकसान पहुँचाते हैं। उपग्रह में प्रयुक्त पदार्थों का निर्वात के कारण कुल वजन में कमी (TML) 1% से कम व वाष्पशील द्रव्य (Collected Volatile Condensed Mass, CVCM) 0.1% से कम होना चाहिए। निर्वात में उपग्रह स्थित धातु से निर्मित गतिमान उपकरणों में शीतझलाई (Cold welding) की संभावना होती है। इसके कारण उपकरण के गतिमान हिस्से आपस में जुड़ जाते हैं और कार्य करना बंद कर देते हैं। अत: गतिमान उपकरणों के भागों के अंतरापृष्ठ पर कार्बनिक पदार्थ लगाए जाते हैं।

3.1.7 आसान उपलब्धता एवं उचित मूल्य

उपग्रह निर्माण में प्रयुक्त पदार्थों की उपलब्धता और मूल्य इस प्रकार होना चाहिए जिससे परियोजना की समय से पूर्णता और लागत पर विपरीत असर न हो।

3.1.8 वैद्युत स्थैतिक डिस्चार्ज

प्रमोचन के दौरान अंतरिक्ष यान की तीव्र गति के कारण विद्युत् आवेश (charge) उत्पन्न होता है। उचित पदार्थों के चयन और आवेश बहाव पथ (charge leakage path) द्वारा इसका समाधान किया जाता है।

3.1.9 विद्युत् चुंबकीय व्यतिकरण/संगतता (Electro Magnetic Interference/ Compatibility, EMI/EMC)

प्रक्षेपण यान व उपग्रह के उपकरण ऐसे संकेत उत्पन्न न करें, जिससे इनकी कार्यप्रणाली में बाधा ...े।

3.2 उपग्रह की विभिन्न प्रणालियों के लिए उचित स्थान

उपग्रह में विभिन्न प्रणालियाँ होती हैं। इनके आपसी तालमेल व अच्छी तरह से कार्य करने पर ही उपग्रह परियोजना सफल होती है। उपग्रह संरचना में इन प्रणालियों को उचित स्थान दिया जाना आवश्यक है।

3.2.1 विद्युत प्रणाली—उपग्रह के विभिन्न उपकरणों को विद्युत प्रदाय हेतु सौर पट्टिकाएँ और ग्रहण काल में विद्युत प्रदाय हेतु बैटरियाँ होती हैं।

3.2.2 ताप प्रबंधन—उपग्रह के अलग-अलग उपकरणों के कुशलता से कार्य करने के लिए एक उच्चतम/निम्नतम ताप सीमा होती है। अत: उपग्रह में ऊष्मा-प्रबंधन हेतु ऊष्मा नली (Heat pipe), विद्युत ऊष्मक (electrical heater), cooler (शीतलक), उष्मारोधी चादरें (Thermal Insulating Sheets) सौर परावर्तक (solar reflector) होती है।

3.2.3 कक्षा (orbit) एवं दिशा (attitude) नियंत्रण (control) प्रणाली—उपग्रह की कक्षा और दिशा को नियंत्रित करने हेतु उपग्रह में नोदन (propulsion) तंत्र, संवेदक, संवेग चक्र (attitude) लगे होते हैं। नोदन तंत्र में ईंधन व आक्सीकारक की टंकियाँ, संवेदकों में सूर्य संवेदक, भू-संवेदक, तारा संवेदक एवं चुंबकीय संवेदक आदि होते हैं।

3.2.4 संचार/सुदूर संवेदक उपकरण : उपग्रह की आवश्यकतानुसार संचार उपग्रहों में मुख्यत: डिश ऐंटेना सूक्ष्म तरंग और संकेतों के संसाधन (processing) के लिए इलेक्ट्रॉनिक उपकरण होते हैं। इसी प्रकार सुदूर संवेदक उपग्रहों में दूरबीन, कैमरा और इलेक्ट्रॉनिक उपकरण होते हैं।

3.3 उपग्रह की विभिन्न प्रणालियों और अवयवों के पदार्थों का चयन चित्र-3.1

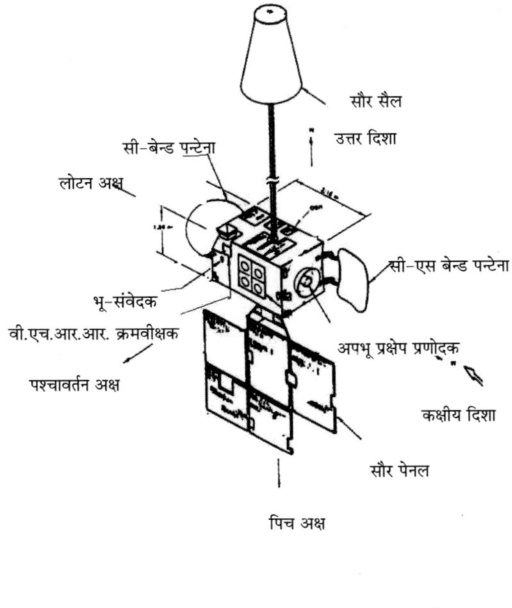

चित्र-3.1 अंतरिक्ष में स्थित भारतीय उपग्रह इन्सैट-1

* नीलमणी मोहन्ती (एडिटर), आवर ट्रिस्ट विथ स्पेस, अंतरिक्ष उपयोग केंद्र, इसरो, अहमदाबाद से साभार

1. उपग्रह का मुख्य ढ़ाँचा—उपग्रह के मुख्य ढ़ाँचे का कार्य उपग्रह की विभिन्न प्रणालियों को मजबूत आधार प्रदान करना है। यह एल्युमिनियम के खोखले छत्तों को कार्बन रेशा प्रबलित प्लास्टिक की पट्टिकाओं के बीच रखकर बनाया जाता है। इसे एल्युमिनियम और सी.एफ.आर.पी. की सेंडविच संरचना कहते हैं। यह पदार्थ मजबूत होने के साथ-साथ, अंतरिक्ष में होने वाले तापीय परिवर्तन से अपना आकार अन्य पदार्थों की तुलना में बहुत कम बदलता है।

2. बेलनाकार नली—यह उपग्रह के ढ़ाँचे को मजबूत आधार प्रदान करती है एवं उपग्रह के केंद्र में स्थित होकर एक खंभे का काम करती है। यह एल्युमिनियम या बेरिलियम धातु से बनी होती है।

3. ईंधन की टंकी—अंतरिक्ष में उपग्रह की दिशा और पथ में बदलाव आते रहते हैं। इन्हें नियंत्रण में रखने के लिए नोदन प्रणालियाँ लगाई जाती हैं। इनमें प्रणोदक व प्रहारक मोटरें होतीं हैं। ईंधन की टंकी द्वारा इन्हें ईंधन की आपूर्ति की जाती है। ईंधन की टंकी टाइटेनियम मिश्र धातु से बनी होती है। अधिक जीवन काल के लिए अभिकल्पित किए जाने वाले उपग्रह में ईंधन की मात्रा भी अधिक होती है।

4. छातानुमा व समतल ऐंटेना—उपग्रह द्वारा आँकड़ों का आदान-प्रदान, रेडियो तरंगों के माध्यम से होता है। उपग्रह यह कार्य ऐंटेना द्वारा संपन्न करते हैं। इन्हें भी एल्युमिनियम और सी.एफ.आर.पी., सेंडविच पदार्थ से निर्मित किया जाता है, ताकि ये अंतरिक्ष में होने वाले तापीय परिवर्तन से अपना आकार सुरक्षित रख सकें।

5. सौर फलक—सौर फलकों का कार्य उपग्रह के कार्यकाल में उसके विभिन्न उपकरणों को बिजली की आपूर्ति करना है। एक बड़े और अधिक उपकरणों वाले उपग्रह के लिए बड़े सौर फलकों की आवश्यकता होती है। इन्हें एल्युमिनियम और सी.एफ.आर.पी., सेंडविच पदार्थ से निर्मित किया जाता है।

6. नीतभार—उपग्रह के नीतभारों में अभिग्राहक, प्रेषित्र, प्रवर्धक, बहुसंकेतक आदि होते हैं। इनको मुद्रित परिपथ फलक (P.C.B.), छोटे-छोटे इलेक्ट्रानिक घटक, तांबे के तार, सोल्डर, आदि द्वारा निर्मित कर एल्युमिनियम या मेग्नेशियम मिश्र धातु के डिब्बों पर जड़ित किया जाता है। एल्युमिनियम व मेग्नेशियम मिश्र धातु की ऊष्मा चालकता अन्य धातुओं की अपेक्षा अधिक होने से इलेक्ट्रानिक उपकरणों के ताप नियंत्रण में मदद मिलती है। कैमरों के दर्पणों को जीरोडर पदार्थ से निर्मित किया जाता है, क्योंकि यह काँच से अधिक शक्तिशाली है। टाइटेनियम व उच्च शक्ति वाले इस्पात का उपयोग उपग्रह के विभिन्न हिस्सों को जोड़ने और नीतभारों में प्रयुक्त नट-बोल्टों में किया जाता है।

उपग्रह की अन्य प्रणालियों में बैटरियाँ, दिशा और प्रवृत्ति नियंत्रण उपकरण, दूरमिति, अनुवर्तन और आदेश हेतु प्रयुक्त उपकरण हैं।

3.4 प्रक्षेपण यान (Launch Vehicle) में उपग्रह के लिए निर्धारित स्थान व द्रव्यमान—

उपग्रह, प्रमोचन यान के शीर्ष भाग में स्थित होता है इसे नोज कोन (Nose Cone) कहते हैं। नोज

कोन, प्रमोचन के दौरान उत्पन्न तीव्र वायु घर्षण से उपग्रह की रक्षा करता है। उपग्रह का आकार इसी पर निर्भर करता है। उपग्रह का द्रव्यमान भी प्रमोचन यान की उपग्रह प्रमोचन करने की क्षमता पर निर्भर करता है।

3.5 निर्माण, प्रक्षेपण एवं कक्षीय भ्रमण के दौरान सुरक्षा एवं कार्य संपन्नता—

कृत्रिम उपग्रहों पर निर्माण, परिवहन, प्रक्षेपण व कक्षा में भ्रमण के दौरान विभिन्न प्रकार के बल लगते हैं। निर्मित करने से पूर्व उपग्रहों का इन बलों के लिए संरचनात्मक अभिकल्पन किया जाता है। संरचनात्मक अभिकल्पन के द्वारा हम यह पूर्वानुमान भी लगा सकते हैं कि निर्माण के बाद संरचना संतोषजनक रूप से कार्य कर सकेगी अथवा नहीं। इसके परिणामस्वरूप संरचना के विकास की अवधि और धन की बचत होती है।

3.6 संरचनात्मक अभिकल्पन—चित्र-3.2

उपग्रह का आयतन व द्रव्यमान, प्रक्षेपण यान द्वारा निर्धारित किया जाता है। संरचनात्मक अभिकल्पन के द्वारा, हम इस दिए हुए आयतन और भार में अधिक से अधिक उपकरणों को अंतरिक्ष में ले जाने का प्रयास करते हैं। इसके साथ ही हमें यह भी ध्यान रखना होता है कि ये उपकरण प्रक्षेपण जनित बलों व अंतरिक्ष के वातावरण को सहन कर सुचारु ढंग से अंतरिक्ष में कार्य कर सकें। संरचनात्मक अभिकल्पन में इष्टतमीकरण की विधियों का प्रयोग, मजबूत व अपेक्षाकृत कम घनत्व वाले पदार्थ, खोखली एवं वलित संरचनाओं का उपयोग शामिल है। एक अच्छी संरचना उपग्रह और उस पर स्थित उपकरणों को एक मजबूत आधार प्रदान करती है। इसके अलावा, उपग्रह की वास्तु शैली इस प्रकार होनी चाहिए जिससे कि उसके ताप नियंत्रण में मदद मिल सके एवं उपग्रह के नीतभारों और अन्य प्रणालियों को एक-एक करके संगठित किया जा सके।

आगे के अनुच्छेदों में संरचनात्मक अभिकल्पन के विभिन्न पहलुओं की चर्चा की गई है।

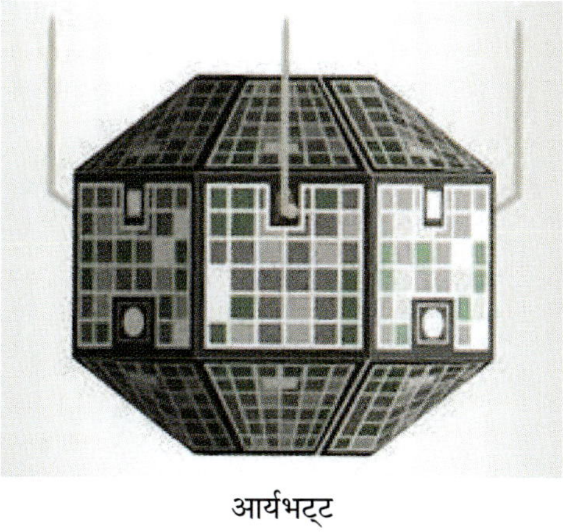

आर्यभट्ट

इन्सैट 3-ई

आई.आई.आर.एस.

मंगल यान

चंद्र यान

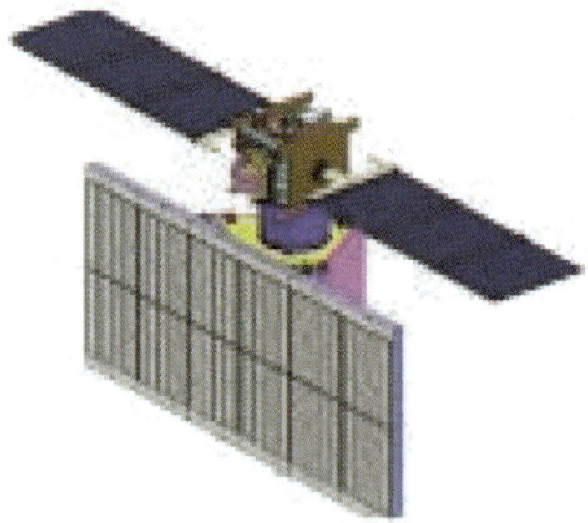

आर.आई. सेट–1

चित्र–3.2 भारत के विभिन्न उपग्रह

4.0 संरचनाएँ कुछ मूलभूत तथ्य

संरचना किसी पदार्थ का ऐसा सज्जीकरण (assembly) है जिसका उपयोग उस पर प्रयुक्त भारों को वहन करने हेतु होता है।

हमारी रोजमर्रा की जिंदगी में संरचनाओं के अनेक उपयोग हैं। इनमें से कुछ निम्नलिखित हैं—

(1) नागरिकी (Civil structures) : भवन, पुल, बाँध

(2) वैमानिकी संरचनाएँ और वांतरिक्ष संरचनाएँ : वायुयान, उपग्रह, रॉकेट

(3) जैव वैज्ञानिक संरचनाएँ : अस्थिपंजर (कंकाल), दाँत

(4) मशीनों की संरचनाएँ : वाहन, निर्माण कार्यों में प्रयुक्त मशीनें, घरेलू उपयोग की मशीनें, रोबोट इत्यादि

(5) फर्नीचर आदि घरेलू उपयोग की संरचनाएँ, इनका उपयोग भार वहन एवं कुछ विशिष्ट उद्‌देश्यों की पूर्ति जैसे कि वातावरण से सुरक्षा एवं निर्धारित स्थान का इष्टतम (optimized) उपयोग करने के लिए होता है।

4.1 संरचनाएँ भार कैसे वहन करती हैं?

कुर्सी पर बैठा व्यक्ति क्यों नहीं गिरता? यह एक साधारण सा प्रश्न लगता है, किंतु इसे समझने हेतु न्यूटन के गति के तीसरे सिद्धांत की आवश्यकता है। इसके अनुसार हर क्रिया के विपरीत एक समान मात्रा और विपरीत दिशा में प्रतिक्रिया होती है। कुर्सी व्यक्ति को उसके भार की विपरीत दिशा एवं बराबर मात्रा में प्रतिक्रिया देती है। यदि कुर्सी में यह प्रतिक्रिया देने की क्षमता नहीं है तो कुर्सी टूट जाएगी।

4.2 संरचनाएँ किस प्रकार प्रतिक्रिया बल लगाती है?

प्रत्येक संरचना उस पर प्रयुक्त भार (इसमें स्वभार भी शामिल है) के कारण अपना आकार परिवर्तित करती हैं। आकार का यह परिवर्तन ही संरचना को भार वहन करने की क्षमता प्रदान करता है। आकार परिवर्तन की मात्रा संरचना के पदार्थ की गुणवत्ता पर निर्भर करती है। जैसे कि एक निश्चित भार वहन के लिए समान आकार की, स्टील एवं एलुमिनियम द्वारा निर्मित संरचनाओं के आकार में विभिन्न मात्राओं में परिवर्तन होगा।

4.3 पदार्थ के यांत्रिक गुण

संरचनात्मक अभिकल्पन करने के लिए संरचना में प्रयुक्त पदार्थों के कुछ महत्वपूर्ण गुण इस प्रकार हैं—

4.3.1. तनन सामर्थ्य (Tensile strength) : यह उस अधिकतम प्रतिबल का मान है, जो कि पदार्थ तनाव की अवस्था में बिना टूटे हुए सहन कर सकता है।

प्रतिबल : जब किसी पिण्ड (solid) पर बल लगाया जाता है तो उसमें प्रत्यानयन (Reaction) बल उत्पन्न होता है। एकांक (unit) क्षेत्रफल पर लगने वाले प्रत्यानयन बल को प्रतिबल कहते हैं।

प्रतिबल, o = F/A

F = बल, A = क्षेत्रफल

4.3.2 संपीडन सामर्थ्य (compressin strength) : यह उस अधिकतम प्रतिबल का मान है, जो कि पदार्थ संपीडित अवस्था में बिना टूटे हुए सहन कर सकता है। यह गुण, भंगुर (brittle) पदार्थों जैसे कि कंक्रीट, काँच आदि में तनन सामर्थ्य से अधिक होता है।

4.3.3 यंग का प्रत्यास्थता मापक (Young's Modulus of elasticity) E :

तनक (Tensile) या संपीडक (compressive) प्रतिबल (σ) तथा अनुदैर्घ्य विकृति (ε) के अनुपात को यंग का प्रत्यास्थता मापांक कहते हैं।

$E = \sigma/\varepsilon$

विकृति : यदि किसी पिण्ड की लंबाई L में किसी बल के फलस्वरूप ΔL का परिवर्तन होता है तो $\Delta L/L$ को विकृति कहते हैं।

4.3.4 प्रत्यास्थता (Elasticity) : किसी संरचना पर प्रयुक्त बल के कारण उसमें विरूपण उत्पन्न होता है। प्रयुक्त बल हटाने पर संरचना अपने मूल आकार को (पूर्णत: या अंशत:) प्राप्त कर लेती है तो उसे पदार्थ की प्रत्यास्थता कहते हैं। संरचनात्मक अभिकल्पन में प्रत्यास्थ व्यवहार का उपयोग संरचना पर प्रयुक्त बल के कारण उत्पन्न झुकाव को प्राप्त करने के लिए होता है।

4.3.5 पाइजन (Poisson) का अनुपात : जब किसी पदार्थ को एक दिशा में संपीडित/तन्य किया जाता है तो वह दूसरी दिशा में प्रसरित (Expand)/संकुचित (contract) होता है। पाइजन अनुपात पदार्थ के इसी गुण को दर्शाता है।

पाइजन अनुपात = अनुप्रस्थ विकृति/अनुदैर्घ्य विकृति

रबर व स्टील का पाइजन अनुपात क्रमश: 0.5 व 0.3 होता है।

4.3.6 श्रांति सीमा : (Fatigue Limit)

पुनरावर्ती (10 करोड़ आवर्ती) भार की अवस्था में पदार्थ की प्रतिबल क्षमता को श्रांति सीमा कहते हैं। उदाहरण के लिए किसी धातु के तार को बार-बार मोड़कर व सीधा कर उसे आसानी से तोड़ा जा सकता है क्योंकि इसके कारण उसका प्रतिबल सामर्थ्य कम हो जाता है।

4.3.7 तापीय विस्तरण गुणांक (coefficient of thermal expansion), α :

तापीय अंतरण (Heat transfer) के कारण पदार्थ के तापमान में परिवर्तन होता है। इसके कारण पदार्थ के आयतन में बदलाव होता है। इसे सामान्यत: विकृति प्रति डिग्री तापमान द्वारा दर्शाया जाता है।

$$\alpha = \Delta L / L.T$$

ΔT =लंबाई में परिवर्तन

L =मूल लंबाई

L =तापमान में परिवर्तन

4.4 एक अच्छी संरचना के गुण

एक अच्छी संरचना, उपयोगिता (serviceability), सुरक्षा (safety) और किफायत (economy) की दृष्टि से उत्तम होती है। इसके साथ ही यदि यह मनोहारी हो तो और भी अच्छी होगी।

संरचना में प्रयुक्त पदार्थों का संरचना के दिखाव एवं आकार पर गहरा असर होता है। नागरिकी (Civil) निर्माण कार्यों में जहाँ ईंट, रेत, सीमेंट, इस्पात आदि का उपयोग होता है, वहीं वैमानिकी और वांतरिक्ष (Aeronoutics) में मजबूत मिश्र धातुओं और मिश्र (composite) पदार्थों, जैसे कार्बन रेशा प्रबलित प्लास्टिक (CFRP) का उपयोग होता है। ये पदार्थ हल्के एवं मजबूत होते हैं, जिससे प्रमोचन लागत कम हो जाती है।

संरचना में प्रयुक्त पदार्थ बल लगने पर तनाव (tension) या संपीडन (compression) में टूट सकता है। अच्छी संरचना में पर्याप्त सुरक्षा गुणक (factor of safety) होना चाहिए।

सुरक्षा गुणक = प्रतिबल सामर्थ्य/अपेक्षित प्रतिबल

पदार्थ का प्रतिबल सामर्थ्य परीक्षण द्वारा एवं अपेक्षित प्रतिबल संरचना विश्लेषण द्वारा प्राप्त किया जाता है।

भुरभुरे (brittle) पदार्थों का, तन्य बल लगने पर, दीर्घीकरण (Elongation) प्रत्यस्थ (ductile) पदार्थों की तुलना में अल्प होता है। अत: भुरभुरे पदार्थ प्रतिबल की अवस्था में अतिअल्प आकार परिवर्तन करके टूट जाते हैं। इससे संरचना निर्धारित बल से अधिक बल लगने पर बिना किसी पूर्व चेतावनी के विफल हो जाती है। चाक एवं कंक्रीट भंगुर पदार्थ और इस्पात प्रत्यास्थ (ductile) पदार्थों के उदाहरण है।

4.5 संरचना के मूलभूत आकार

संरचना की परिभाषा के अनुसार हम जानते हैं कि संरचना का मूल उद्देश्य भार वहन करना है। इस भार को सक्षम रूप से एवं मितव्ययिता से वहन करने हेतु विभिन्न प्रकार के संरचनात्मक आकारों का उपयोग किया जाता है।

चित्र-4.1 में एक अदक्ष (Inefficient) और भारी (Heavy) संरचना और चित्र-4.2 में उसी संरचना का दक्ष व हल्का आकार दिखाया गया है।

शहतीर (beam) संरचना : (चित्र-4.3) इसका प्रयोग दो छोरों (ends) पर भार को स्थानांतरित करने हेतु किया जाता है।

दंड (column) संरचना : (चित्र 4.3) शहतीर के भार को स्थानांतरित करने हेतु, दंड संरचना का प्रयोग किया जाता है।

कैंचीनुमा संरचना : (चित्र-4.4) (Truss structure) यह शहतीर का एक उन्नत (Advance) रूप है। इस आकार से संरचना की दक्षता एवं मितव्ययिता में वृद्धि होती है।

चाप (Arch) संरचना : (चित्र 4.5) पुरातन काल की संरचनाओं में इनका उपयोग बहुतायत में होता था, क्योंकि इस प्रकार के आकार के कारण संरचना में प्रयुक्त पदार्थ संपीडन की अवस्था में आ जाता है। पूर्व काल में निर्मित संरचनाओं में ईंट, पत्थरों, चूने आदि का उपयोग होता था, जिनकी तनन सामर्थ्य, संपीडन सामर्थ्य की अपेक्षा अतिअल्प होती है। वर्तमान काल की प्रबलित सीमेंट कंक्रीट संरचनाओं में तनन बल इस्पात की छड़ें वहन करती हैं। चाप (Arch) संरचना शहतीर का दक्ष रूप है।

पट्टिका (Plate) संरचना : (चित्र 4.6)

सीपी (Shell) संरचना : (चित्र 4.7)

रस्सा (Cable) संरचना : (चित्र 4.8)

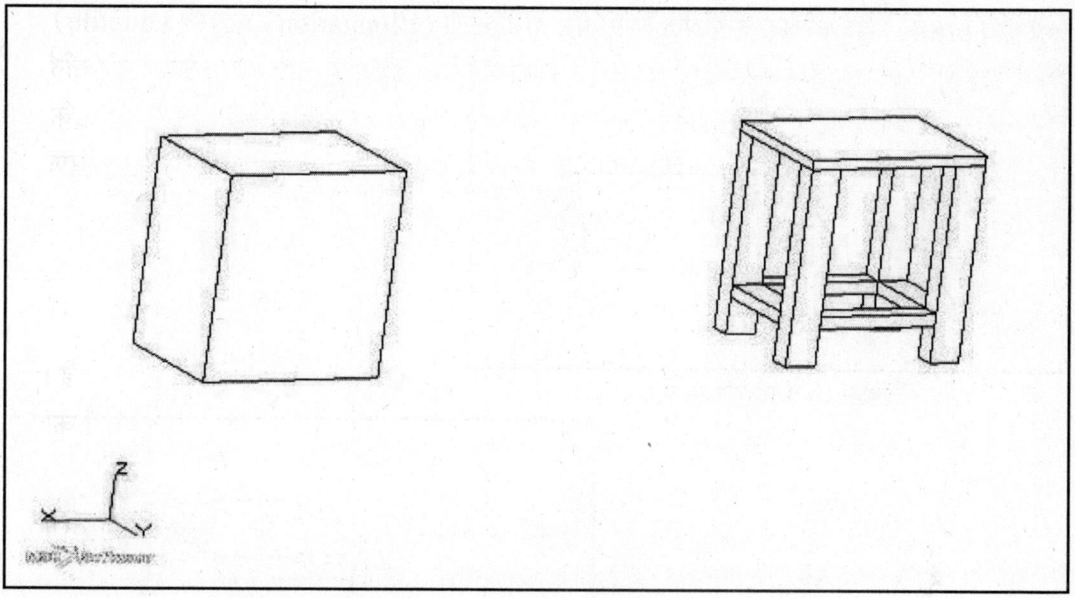

चित्र-4.1 एक अदक्ष (Inefficient) और भारी (Heavy) संरचना

चित्र-4.2 एक दक्ष व हल्की संरचना

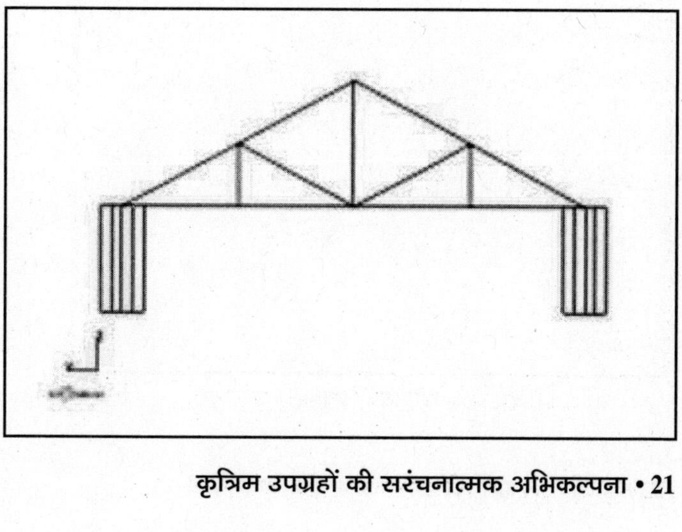

चित्र-4.3 शहतीर (beam) एवं दंड (column) संरचना

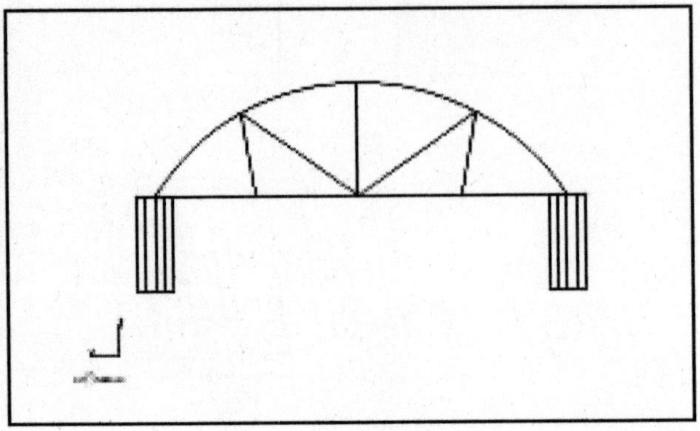

चित्र-4.4 कैंचीनुमा संरचना

चित्र-4.5 चाप (Arch) संरचना

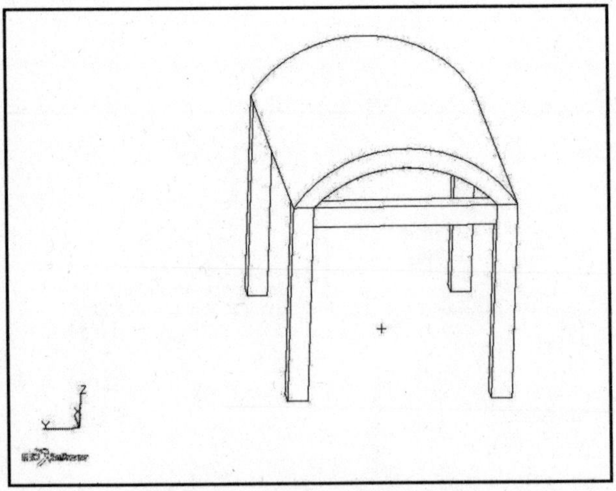

चित्र-4.6 पट्टिका (Plate) संरचना

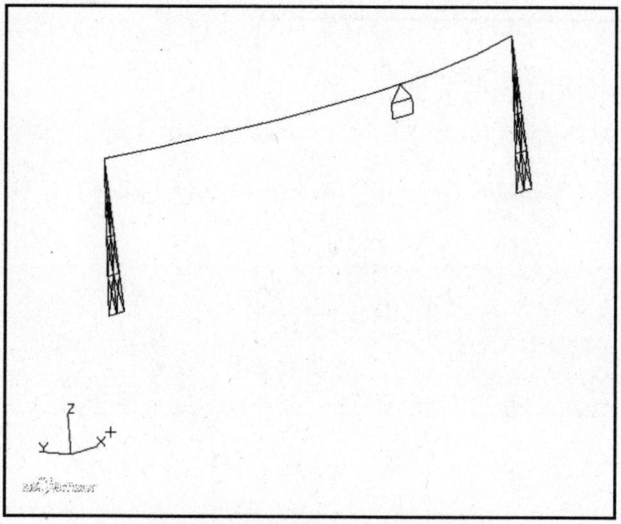

चित्र-4.7 रस्सा (Cable) संरचना

5.0 संरचनात्मक अभिकल्पन में खोखली और वलित संरचनाओं का उपयोग—

समान भार वहन करने के लिए खोखली और वलित संरचनाएँ, ठोस संरचनाओं की अपेक्षा मजबूत एवं हल्की होने के कारण इनका उपग्रह निर्माण में उपयोग किया जाता है। इसे एक उदाहरण द्वारा समझा जा सकता है—

एक साधारण रूप से अपने दोनों छोरों पर स्थित शहतीर के लिए झुकाव, प्रतिबल एवं प्राकृतिक आवृत्ति को निम्नलिखित सूत्रों द्वारा दर्शाया जा सकता है—

झुकाव - $d = WL^3/48EI$ ....(1)

प्रतिबल- $\sigma = WLy/41$ ....(2)

प्राकृतिक आवृत्ति(हट्र्ज में)- $w = (1/2p)\sqrt{(g/d)}$......(3)

जहाँ W= शहतीर के मध्य में स्थित भार

L= शहतीर की लंबाई

E= यंग मापांक

I= आघूर्ण जड़त्व

y= शहतीर की उँचाई का आधा माप

g= गुरुत्वीय त्वरण

समान झुकाव के लिए खोखली एवं ठोस छड़ों के भारों, प्रतिबलों, एवं प्राकृतिक आवृत्ति की तुलना—

दोनों प्रकार की छड़ों के लिए आँकड़े—

L= 100 से.मी., W=10000 कि.ग्रा., E=2.1E6 कि.ग्रा./वर्ग से.मी., सापेक्षिक घनत्व = 7.8

इन छड़ों के आँकड़े सूत्र क्रमांक (1), (2) व (3) में रखने पर प्राप्त परिणाम—तालिका-5.1

तालिका 5.1

छड़ की अनुप्रस्थ काट, से.मी. में (W× 2y)	झुकाव से.मी. में	आवृत्ति (हट्र्ज में)	प्रतिबल (कि.ग्रा./वर्ग से.मी.)	द्रव्यमान (कि. ग्रा.)
ठोस छड़ (10×20)	0.15	40.7	312.5	156
खोखली छड़ (13.5×27) 1 से.मी. मोटी	0.14	42.1	290.7	60

उपरोक्त परिणाम यह दर्शाते हैं कि समान भार वहन करने के लिए खोखली संरचनाएँ, ठोस संरचनाओं की अपेक्षा मजबूत एवं हल्की होती हैं। इसी प्रकार वलित संरचनाओं का आघूर्ण जड़त्व समतल संरचनाओं की अपेक्षा अधिक होने के कारण, वलित संरचनाएँ मजबूत एवं हल्की होती हैं।

6.0 संरचना विश्लेषण

उपग्रहों पर निर्माण, परिवहन, प्रक्षेपण व कक्षा में भ्रमण के दौरान विभिन्न प्रकार के बल लगते हैं। संरचना विश्लेषण, संरचनात्मक अभिकल्पन की एक महत्वपूर्ण प्रक्रिया है। संरचना विश्लेषण द्वारा हम किसी संरचना में उसके कार्यकाल में लगने वाले बलों से उत्पन्न प्रतिबलों और विकृतियों की गणना करते हैं। इस गणना से हम यह पूर्वानुमान लगा सकते हैं कि निर्माण के बाद संरचना संतोषजनक रूप से कार्य कर सकेगी अथवा नहीं। इस प्रकार हम संरचना के विकास की अवधि और धन की बचत कर सकते हैं।

उपग्रह प्रमोचन की लागत उपग्रह के द्रव्यमान पर निर्भर करती है। संरचना विश्लेषण द्वारा उपग्रह और उसमें प्रयुक्त नीतभारों के द्रव्यमान को इष्टतमीकृत भी किया जाता है। इष्टतमीकरण के द्वारा हम उपग्रहों का अभिकल्पन इस प्रकार करते हैं कि उपग्रह कम-से-कम द्रव्यमान में अपना कार्य संतोषजनक रूप से संपन्न कर सकें।

7.0 परिमित अवयव विधि

परिमित अवयव विधि (Finite Element Method)– उपग्रह प्रौद्योगिकी के विकास में गणित का वरदान

सारांश

उपग्रहों को इनकी जटिल संरचना के कारण संरचना विश्लेषण के सामान्य सूत्रों द्वारा हल करना लगभग असंभव होता है। इसलिए इनका संरचना विश्लेषण परिमित अवयव विधि द्वारा किया जाता है। इस तकनीक द्वारा जटिल संरचनाओं का विश्लेषण संख्यात्मक विधियों (numerical methods) द्वारा किया जाता है। सर्वप्रथम विश्लेषण की जानेवाली संरचना को एक निश्चित संख्या के अवयवों में विभक्त किया जाता है। इन अवयवों के गुण पूर्व में ज्ञात कर लिए जाते हैं। इस प्रकार संपूर्ण संरचना का एक गणितीय प्रतिमान (Mathematical) आव्यूह (matrix) के रूप में उपलब्ध होता है। इस गणितीय प्रतिमान को विभिन्न प्रकार की भार स्थितियों और सीमा अवस्थाओं (boundary conditions) के साथ हल किया जाता है। इसके द्वारा हमें संरचना में विकृतियों और प्रतिबलों का मान प्राप्त होता है। कंप्यूटरों द्वारा आव्यूह का हल निकालना व अन्य गणनाएँ करना आसान होता है। अत: परिमित अवयव विधि प्रचलित एवं लागत प्रभावी बन गई है। संरचना विश्लेषण के लिए आजकल कई सॉफ्टवेयर उपलब्ध हैं। इनमें निसा-2/डिस्प्ले-III, नास्ट्रान/पेट्रान, हाइपरवर्क्स, फीस्ट, आयडियास् आदि प्रमुख हैं। संरचना विश्लेषण के लिए जरूरी आँकड़ों में नीतभार में प्रयुक्त पदार्थ के यांत्रिक गुणधर्म, उस पर लगने वाले बल और नीतभार की ज्यामिति शामिल हैं।

प्रस्तुत लेख में अंतर समीकरणों को हल करने के लिए प्रयुक्त आधुनिक एवं बहुप्रचलित, परिमित अवयव विधि के विषय में संक्षेप में जानकारी दी गई है और उदाहरण के लिए इसके उपग्रह प्रौद्योगिकी में उपयोगों को कंप्यूटरीकृत चित्रों द्वारा दर्शाया गया है।

7.1 उपग्रह प्रौद्योगिकी की जटिलताएँ—

पुरातन काल से ही गणित को सभी विधाओं में सर्वोपरि माना जाता रहा है। वेदांग ज्योतिष में गणित की महत्ता इस प्रकार व्यक्त की गई है—

यथा शिखा मयूराणां नागानां मणयो यथा। तद्वद वेदांग-शास्त्राणां गणितं मूर्ष्टिर्न वर्तते।

अर्थात, जिस प्रकार मयूरों की शिखाएँ और सर्पों की मणियाँ, शरीर के उच्च स्थानों पर विराजमान हैं, उसी प्रकार सभी वेदांगों एवं शास्त्रों में गणित का स्थान सर्वोपरि है [19]। गणित के द्वारा अनेक भौतिक घटनाओं का पूर्वानुमान किया जाता है, जिसमें अंतरिक्ष संबंधी घटनाएँ, सांख्यिकी द्वारा बाढ़, सूखा, फसलों

की पैदावार की जानकारी आदि शामिल है। गणित का उपयोग निर्माण तकनीकों में सर्वविदित है जिसके द्वारा नक्शा बनाकर भवन आदि की सुरक्षा एवं उपयोगिता निर्माण से पूर्व ही ज्ञात कर ली जाती है। उपग्रहों के अभिकल्पन में गणित की सीमित अवयव तकनीक एक वरदान के समान है। उपग्रह प्रौद्योगिकी जटिल होने के साथ ही सतत् नई तकनीकों की माँग करती है, जिससे कि कम लागत में अधिक गुणवत्ता वाले उपकरणों को अंतरिक्ष में स्थापित कर जनकल्याण के कार्य संपन्न किए जा सकें। किसी भी नई तकनीक को कार्यशील बनाने के लिए यह आवश्यक है कि उसकी प्रायोगिक जाँच की जाए। तकनीक की जाँच के लिए संबंधित उपकरण का निर्माण करना आवश्यक है। जाँच के परिणाम अपेक्षानुसार न होने पर निर्माण व जाँच की प्रक्रिया को दोहराया जाता है। अत: ऐसे गणितीय अनुमान की आवश्यकता होती है, जिससे यह प्रक्रिया एक दो बार की जाए अथवा करनी ही न पड़े। गणित की परिमित अवयव विधि ने अभिकल्पन की जाँच प्रक्रिया को लगभग समाप्त कर दिया है।

7.2 परिमित अवयव विधि—क्यों जरूरी है...

विज्ञान और अभियांत्रिकी की अनेक समस्याओं को गणित के अंतर समीकरणों (Differential Equations) द्वारा दर्शाया जा सकता है। इन समस्याओं में भूकंप का भवनों और अन्य निर्माण कार्यों पर असर, तापमान परिवर्तन का उपकरणों की कार्यक्षमता पर प्रभाव, परमाणु भट्टियों पर विस्फोट का प्रभाव, उपग्रहों और भू-स्थित उपकरणों का विद्युत् चुंबकीय अभिकल्पन, मिट्टी के बाँधों में रिसाव की मात्रा, वायुयानों और प्रमोचन यानों पर वायुदाब का प्रभाव आदि शामिल हैं। उदाहरण के लिए भवनों में शहतीर (beam) के अभिकल्पन के लिए, शहतीर के झुकाव की मात्रा प्राप्त करने हेतु निम्नलिखित अंतर समीकरण का उपयोग किया जाता है [5]—

$$d^2/dx^2\ (El\ d^2w/dx^2) = q$$

जहाँ E = यंग मापांक

l = शहतीर की ऊर्ध्व काट का आघूर्ण जड़त्व

q = शहतीर पर समान रूप से वितरित भार

x = शहतीर का अक्ष

इस अंतर समीकरण को आइलर बरनॉली समीकरण कहा जाता है। इसमें शहतीर को अपरूपक प्रतिबलों (shear stress) से मुक्त माना गया है।

इस सूत्र को समय के साथ बदलने वाले भार और त्रिआयामी ढ़ाँचों के लिए हल करना अत्यंत कठिन है। इसी प्रकार तख्तीनुमा संरचनाओं का भार के कारण झुकाव निकालना एक जटिल समस्या है। इसका समाधान परिमित अवयव विधि द्वारा संभव है।

7.3 परिमित अवयव विधि की प्रक्रिया[***]

इस अनुच्छेद में परिमित अवयव तकनीक को संरचना विश्लेषण के माध्यम से समझाया गया है। अन्य भौतिक क्रियाओं के लिए भी यह प्रक्रिया लागू होती है।

1. भौतिक विस्तार (continuum) को विभाजित करना—

इसके द्वारा हल की जाने वाली समस्या को छोटे-छोटे अवयवों (elements) में विभक्त किया जाता है। ये अवयव दंडाकार (line), त्रिभुजाकार, चतुर्भुजाकार या त्रिविमीय (three dimensional) हो सकते हैं। उदाहरण के लिए किसी बहुमंजिला भवन के संरचना विश्लेषण हेतु खंभों और शहतीरों (beams) को दंडाकार अवयवों में, छतों को त्रिभुजाकार या चतुर्भुजाकार अवयवों में विभाजित किया जाता है। इसी प्रकार, किसी विमान पर हवा के दबाव और उससे उत्पन्न प्रतिक्रिया की गणना करने के लिए हवा को त्रिविमीय अवयवों में और वायुयान को दंडाकार, त्रिभुजाकार, चतुर्भुजाकार या त्रिविमीय अवयवों में विभाजित किया जाता है। (चित्र क्र. 7.1)

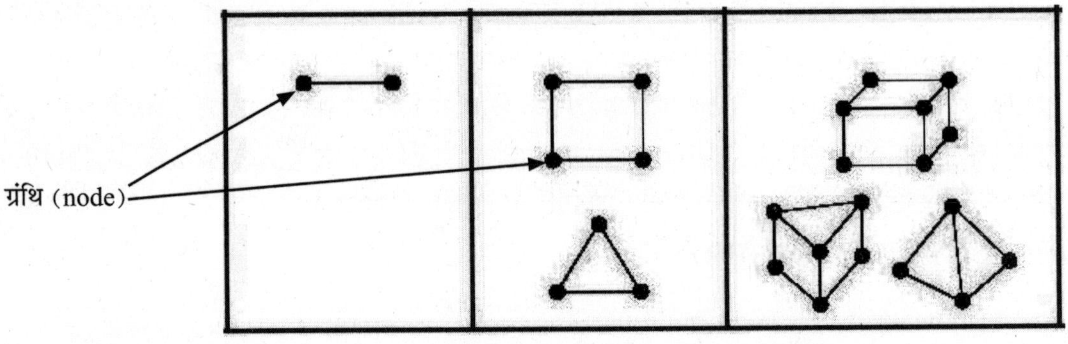

2. विस्थापन बहुपद (displacement polynomial) का चुनाव—

संरचना यांत्रिकी की समस्याओं में विस्थापन अज्ञात होता है। इसको एक बहुपद मान कर सन्निकटन (approximation) किया जाता है।

उदाहरणत : विस्थापन, $W= C^1+C_2X+C_3X^2$.....................

C=अचल संख्या

X= विस्थापन की अज्ञात स्थिति

इस बहुपद की पद संख्या अंतर समीकरण की श्रेणी पर निर्भर करती है। अधिक पदों का चुनाव करने से गणनाओं की विशुद्धता बढ़ जाती है, लेकिन इसके साथ ही गणनाओं की संख्या भी बढ़ जाती है। अधिकतम पदों का चुनाव अंतर समीकरण की श्रेणी के बराबर होता है।

3. अवयव पुनर्नम्यता (element stiffness) आव्यूह (matrix) की गणना—

अवयव पुनर्नम्यता आव्यूह को, अवयव की ज्यामिति, पदार्थ के गुणधर्म और न्यूनतम स्थितिज ऊर्जा सिद्धांत द्वारा प्राप्त किया जाता है। इसे विचरण सिद्धांत (Variational principle) विधि भी कहते हैं। पुनर्नम्यता आव्यूह प्राप्त करने की अन्य विधियों में, प्रत्यक्ष विधि व गेलर्किन विधि है।

4. संपूर्ण समस्या के आव्यूह को सज्जीकरण (assembly) द्वारा प्राप्त करना—

एक अवयव के पुनर्नम्यता आव्यूह की गणना कर, समस्या के सभी अवयवों के आव्यूहों को सज्जीकृत किया जाता है। पुनर्नम्यता आव्यूह संतुलन समीकरणों (equilibrium equations) के गुणांकों का बना होता है।

इस सज्जीकरण प्रक्रिया द्वारा युगपत् समीकरणों (simultaneous equations) का एक समूह प्राप्त होता है। इन समीकरणों को सीमा अवस्थाओं और संबंधित भारों के साथ हल करने पर ग्रंथियों पर अज्ञात विस्थापन प्राप्त होते हैं।

5. ग्रंथि विस्थापन प्राप्त कर अवयव विकृतियों व प्रतिबलों की गणना—

विकृति (deformations) व प्रतिबल (stress), ग्रंथि (node) विस्थापन पर निर्भर करते हैं।

इनके मूल सूत्र निम्नलिखित हैं—

विकृति = विस्थापन / मूल लंबाई

प्रतिबल = विकृति × E

E = यंग मापांक

7.4 परिमित अवयव विधि के लाभ—

अन्य संख्यात्मक विश्लेषण विधियों की अपेक्षा परिमित अवयव विधि के निम्नलिखित लाभ हैं :

1. यह विधि किसी भी भौतिक समस्या जैसे कि, तापमान संचरण, प्रतिबल विश्लेषण, विद्युत् चुंबकीय विश्लेषण, आदि के लिए उपयुक्त है।
2. इस विधि द्वारा किसी भी ज्यामिति वाली समस्या का हल प्राप्त किया जा सकता है।
3. समस्या को किसी भी सीमा अवस्था या भार के लिए हल कर सकते हैं।
4. पदार्थ के गुणधर्म, भिन्न स्थानों पर भिन्न होने पर भी समस्या का समाधान हो सकता है।

5. एक सीमित अवयव विश्लेषण में अलग व्यवहार व अलग गणितीय विवरण वाले अवयवों का समावेश किया जा सकता है—जैसे कि दंड, तख्तानुमा (plate) व त्रिविमीय।
6. समस्या को सूक्ष्मतर जाली (fine mesh) में विभाजित करने से त्रुटियों में कमी हो जाती है।

7.5 परिमित अवयव विधि के अभियांत्रिकी में उपयोग—तालिका क्र. 7.1

तालिका क्र. 7.1

	अभियांत्रिकी की शाखा	अध्ययन का क्षेत्र
1	सिविल अभियांत्रिकी	भवनों, बाँधों, पुलों का अभिकल्पन, भूकंपरोधी संरचनाएँ
2	वैमानिकी	हवाई जहाजों, मिसाइलों, प्रमोचन यानों का अभिकल्पन
3	तापमान नियंत्रण	उपग्रहों, प्रमोचन यानों, कंप्यूटरों, इंजनों आदि में तापमान नियंत्रण
4	द्रव एवं जल संसाधन अभियांत्रिकी	बंदरगाहों का अभिकल्पन, पाइपों के जाल में द्रव का बहाव, प्रमोचन यान की टंकियों पर द्रव ईंधन के हलन-चलन का प्रभाव
5	परमाणु अभियांत्रिकी	परमाणु भट्टियों का भूकंप और तापमान के लिए अभिकल्पन,
6	जैव चिकित्सा अभियांत्रिकी	हड्डियों, दाँतों का संरचना विश्लेषण, मानव निर्मित नकली अंगों का अभिकल्पन
7	यांत्रिकी	वाहनों और मशीनों का अभिकल्पन
8	विद्युत् अभियांत्रिकी	सूक्ष्म तरंग ऐंटेनाओं का अभिकल्पन, विद्युत् परिपथों के सूक्ष्म स्विचों एवं वैद्युत तंत्र का अभिकल्पन

7.6 परिमित अवयव विधि का इतिहास [14]—

परिमित अवयव विधि के वर्तमान स्वरूप की शुरुआत वैज्ञानिक कुरान्ट (Courant) के लेख से हुई थी। कुरान्ट ने एक खोखले शाफ्ट की मरोड़ी दुर्नम्यता (torsional stiffness), उसकी अनुप्रस्थ काट को त्रिभुजों में विभाजित कर तथा उसके प्रतिबल फलनक (stress resultant) को प्रत्येक त्रिभुज पर उसकी ग्रंथि मात्रा के रेखीकरण द्वारा प्राप्त किया था। परिमित अवयव विधि का नामकरण सर्वप्रथम क्लो (Clough) नाम के वैज्ञानिक ने सन् 1960 में किया था। सन् 1963 में इस तकनीक को मान्यता

मिल गई और इसे पूर्व प्रचलित रेले-रिट्ज (Rayleigh-Ritz) तकनीक का एक स्वरूप माना गया। इस प्रकार यह विधि प्रतिबल विश्लेषण के अतिरिक्त, इंजीनियरी के अन्य क्षेत्रों में भी उपयोग में आने लगी।

परिमित अवयव विधि की गणना विधि अत्यंत जटिल होती है और साथ ही गणनाओं की संख्या भी अत्यधिक होती है, अत: कंप्यूटरों के उपयोग के बिना इस विधि द्वारा वास्तविक जीवन की समस्याओं का हल निकालना लगभग असंभव है। कंप्यूटरों के आगमन और आसान उपलब्धता के फलस्वरूप 1960 के दशक के अंत और 1970 के शुरुआती दशक में सॉफ्टवेयरों के साथ लेखाचित्र भी आने लगे। इसने परिमित अवयव विधि के उपयोग को और भी आसान बना दिया।

परिमित अवयव विधि पर प्रथम पुस्तक जिन्कोविच (Zienkiewicz) द्वारा सन् 1967 में लिखी गई, इस पुस्तक का नाम "The Finite Element Method in Structural and Continuum Mechanics" था।

7.7 परिमित अवयव विधि आधारित सॉफ्टवेयरों द्वारा भौतिक समस्याओं के समाधान की प्रक्रिया—(चित्र क्र. 7.2)

विश्लेषण के सामान्य सूत्रों द्वारा एक सरल समस्या का समाधान प्राप्त किया जाता है। इस समस्या को सीमित अवयव तकनीक सॉफ्टवेयर द्वारा भी हल करके दोनों परिणामों की तुलना की जाती है। परिणामों का अंतर संतोषजनक सीमा में होने पर सॉफ्टवेयर को वास्तविक समस्या के समाधान के योग्य समझा जाता है।

परिमित अवयव विधि आधारित सॉफ्टवेयरों के उपयोग के मुख्य बिंदु—

वर्तमान में कई उच्च गुणवत्ता वाले सॉफ्टवेयर बाजार में उपलब्ध हैं। इसके साथ ही अपनी आवश्कतानुसार सॉफ्टवेयर बनाए भी जा सकते हैं। कंप्यूटरों का सामान्य ज्ञान एवं संबंधित विषय की जानकारी रखने वाला व्यक्ति इनका उपयोग कर अपने विषय की समस्याओं का सरलता से समाधान कर सकता है। संरचना विश्लेषण के कुछ सॉफ्टवेयरों में इसरो (ISRO) का फीस्ट (FEAST) और अन्य कंपनियों के सॉफ्टवेयरों में नास्ट्रान (NASTRAN), पेट्रान (PATRAN), निसा (NISA), हायपरवर्क्स ('Hyperworks), एन्सीस (ANSYS) आदि हैं। सूक्ष्म तरंगों की समस्याओं, जैसे ऐंटेना इत्यादि के लिए एच.एफ.एस.एस. (H.F.S.S.) का अति सूक्ष्म स्विचों के लिए कोवेन्टरवेयर (coventorware) का उपयोग किया जाता है।

इन सॉफ्टवेयरों की कार्य प्रणाली इस प्रकार है—**चित्र क्र. 7.2**

7.7.1 आँकड़ों का निवेश (पूर्व संसाधन)—

सॉफ्टवेयर के इस अंतरापृष्ठ के द्वारा समस्या की ज्यामिति, उसमें प्रयुक्त पदार्थों के गुणधर्म, प्रयुक्त बल और सीमा अवस्थाओं के आँकड़े सॉफ्टवेयर में निवेश करते हैं। ज्यामिति के आधार पर सॉफ्टवेयर द्वारा स्वचालित, सीमित अवयव जाली बनाई जाती है। इसके लिए विश्लेषक को स्वविवेक से अवयवों का प्रकार एवं आकार तय करना होता है। अगले क्रम की ओर बढ़ने से पहले इस जाली एवं निवेशित आँकड़ों की सत्यता की जाँच आवश्यक होती है।

7.7.2 संख्यात्मक विश्लेषण—

विश्लेषक द्वारा बनाई गई जाली, प्रयुक्त बलों एवं सीमा अवस्थाओं के आधार पर सॉफ्टवेयर एक आव्यूह बनाकर अज्ञात विस्थापनों का हल निकालता है। इस तरह जाली के कटान बिंदुओं पर झुकाव (या अन्य अज्ञात, जैसे कि तापमान, विभव आदि) प्राप्त होते हैं। कटान बिंदुओं पर विस्थापन की जानकारी द्वारा संरचना में प्रतिबल, विकृति आदि की गणना की जाती है।

7.7.3 पश्च संसाधन—

संख्यात्मक विश्लेषण के द्वारा प्राप्त परिणामों को लेखा चित्रों (plots) द्वारा अथवा सूचीबद्ध कर दर्शाया जाता है। प्रतिबल विश्लेषण में विकृति चित्रों को प्रदर्शित कर चालित (animate) भी किया जा सकता है। यह चरण पश्च संसाधन सॉफ्टवेयर द्वारा संपन्न किया जाता है।

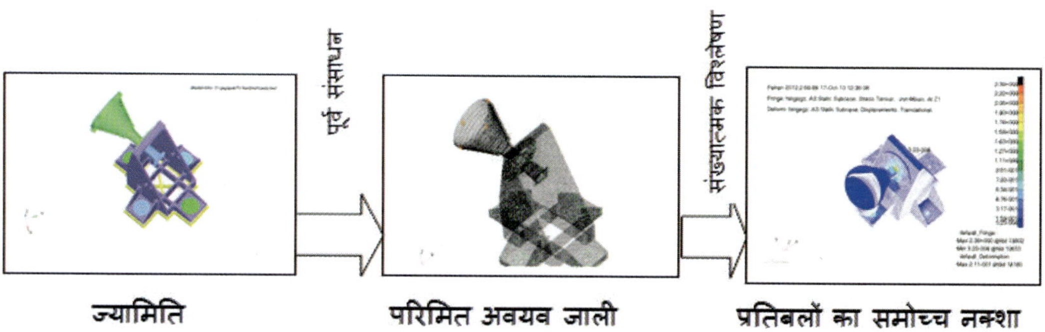

चित्र 7.2 परिमित अवयव विधि आधारित सॉफ्टवेयरों द्वारा भौतिक समस्याओं के समाधान की प्रक्रिया

7.7.4 परिणामों की जाँच—

प्राप्त परिणामों की सत्यता की जाँच हेतु कुछ उपाय—

1. संरचना पर प्रयुक्त भार और प्रतिक्रिया भार बराबर होना चाहिए।
2. परिमित अवयव प्रतिमान का भार और उससे उत्पन्न प्रतिक्रिया बल समान होने चाहिए।
3. प्रतिमान के विकृति चित्र को चालित करके देखें कि सीमित अवयव जाली सभी कटान बिंदुओं (nodes) पर जुड़ी है।
4. जाली (mesh) को अधिक या उच्च श्रेणी अवयवों में विभाजित कर पुनः संरचना विश्लेषण करें। यदि प्राप्त और पूर्व परिणामों में एक निश्चित सीमा से अधिक अंतर नहीं है तो परिणाम सही हैं, अन्यथा जाली के अवयवों को तब तक सूक्ष्म करें कि दो क्रमिक परिणामों का अंतर अपेक्षित सीमा में प्राप्त हो।
5. नई समस्या का समाधान करने हेतु एक सरल सीमित अवयव प्रतिमान (model) से शुरुआत करें। इस प्रतिमान के सफल विश्लेषण के पश्चात् क्रमशः इसे विस्तीर्ण करते जाएँ।

7.8 परिमित अवयव विधि द्वारा उपग्रहों के विभिन्न उपकरणों का संरचना विश्लेषण और अभिकल्पन—चित्र-7.3

कृत्रिम उपग्रहों पर निर्माण, परिवहन, प्रक्षेपण व कक्षा में भ्रमण के दौरान विभिन्न प्रकार के बल लगते हैं। निर्मित करने से पूर्व उपग्रहों का इन बलों के लिए संरचनात्मक अभिकल्पन किया जाता है। उपग्रह का आयतन व द्रव्यमान, प्रक्षेपण यान द्वारा निर्धारित किया जाता है एवं प्रमोचन की लागत उपग्रह के द्रव्यमान पर निर्भर करती है। संरचनात्मक अभिकल्पन के द्वारा हम इस दिए हुए आयतन और द्रव्यमान में अधिक-से-अधिक उपकरणों को सफलतापूर्वक अंतरिक्ष में ले जाने का प्रयास करते हैं। संरचना विश्लेषण, संरचनात्मक अभिकल्पन की एक महत्वपूर्ण प्रक्रिया है। इसके द्वारा हम किसी संरचना में उसके कार्यकाल में लगने वाले बलों से उत्पन्न प्रतिबलों और विकृतियों की गणना करते हैं। इस गणना से हम यह पूर्वानुमान लगा सकते हैं कि निर्माण के बाद संरचना संतोषजनक रूप से कार्य कर सकेगी अथवा नहीं। इसके परिणामस्वरूप संरचना के विकास की अवधि और धन की बचत होती है। अगले पृष्ठों पर उपग्रह स्थित कुछ उपकरणों में प्रमोचन बलों के कारण उत्पन्न विस्थापन एवं प्रतिबलों के पश्च संसाधित चित्र दिखाए गए हैं।

परिमित अवयव विधि द्वारा उपग्रहों के विभिन्न उपकरणों की संरचना विश्लेषण के पश्च संसाधित चित्र—चित्र-7.3

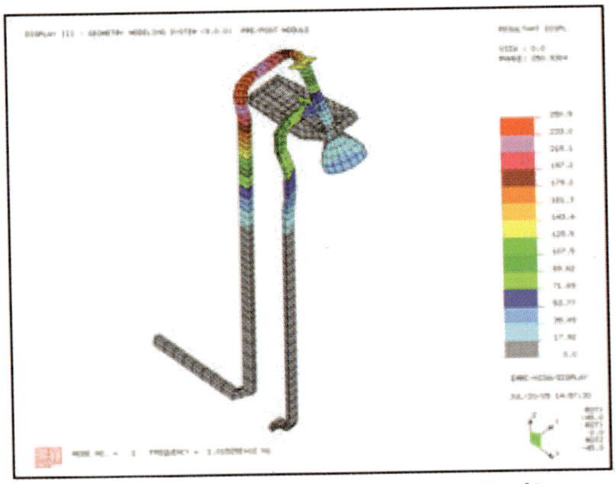

ऐंटेना भरणी (feed) एवं सुक्ष्म तरंग पथ निर्धारित (wave-guide)

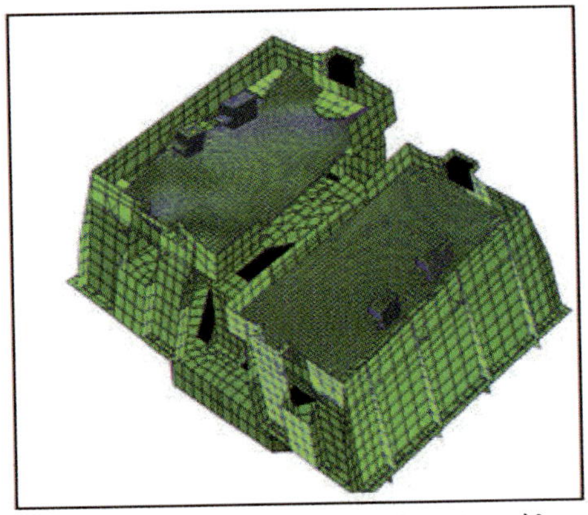

आवेश युग्मित युक्ति (C.C.D.) का इलेक्ट्रॉनिक पैकेज

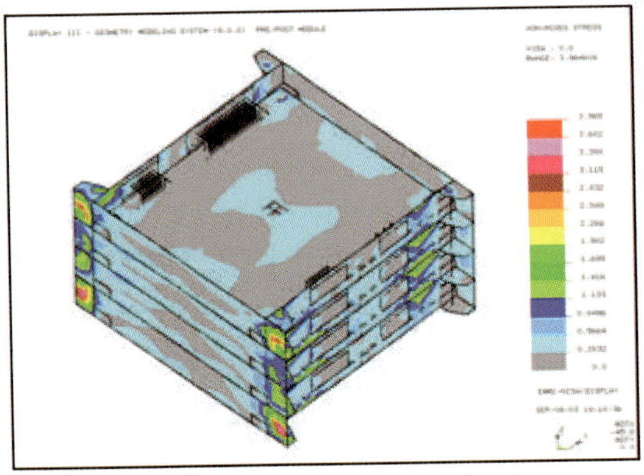

वैद्युत प्रकाशिकी संवेदक का इलेक्ट्रॉनिक पैकेज

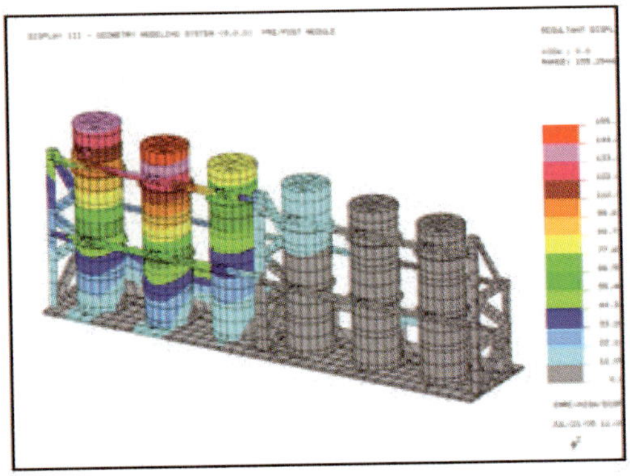

फिल्टर में प्रतिबलों का समोच्च नक्शा

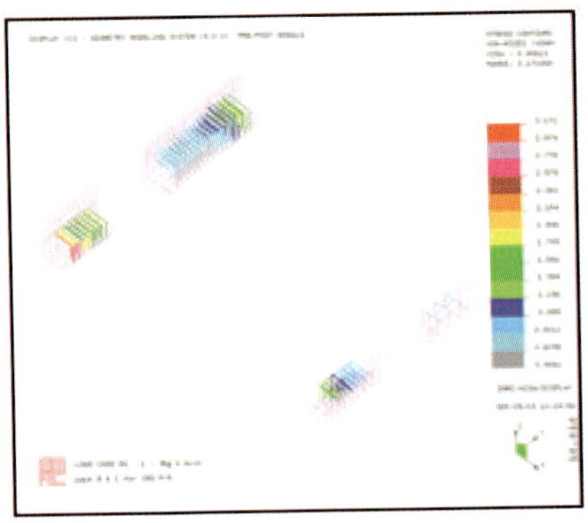

कनेक्टर और उसकी पिनों में प्रतिबल का समोच्च नक्शा

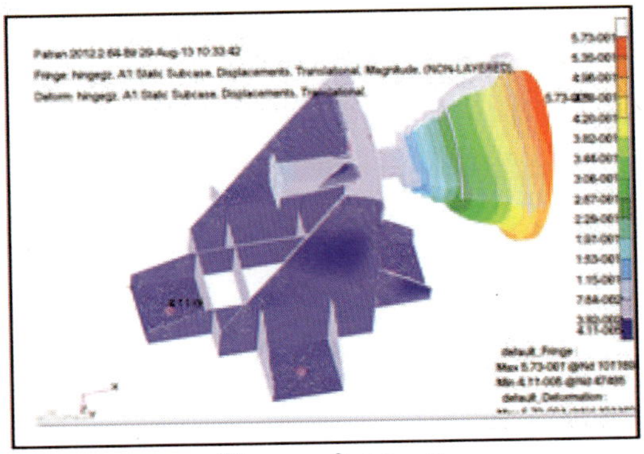

ऐंटेना भरणी (feed)

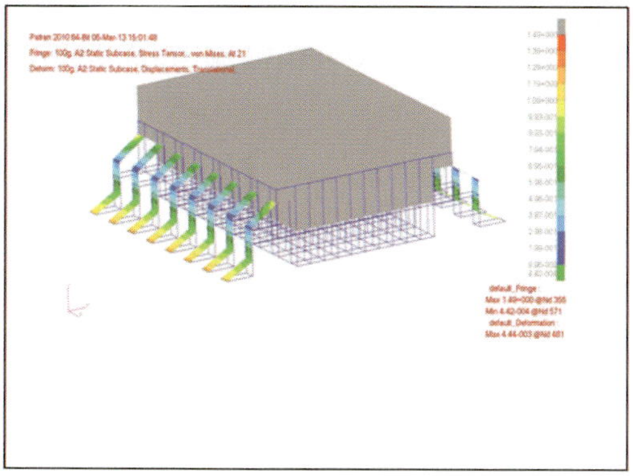

आइ.सी. चिप

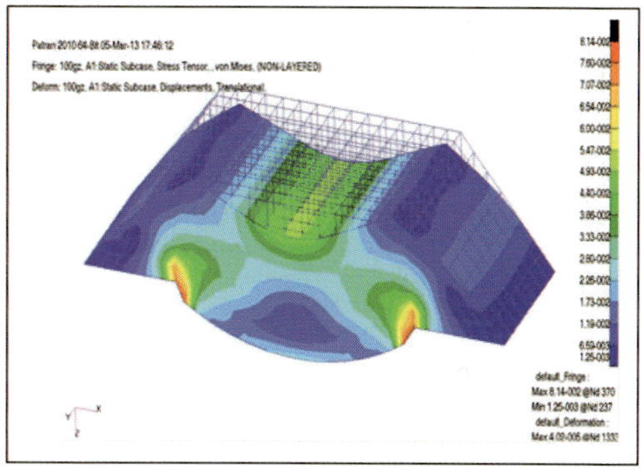

संधारित्र (capacitor)

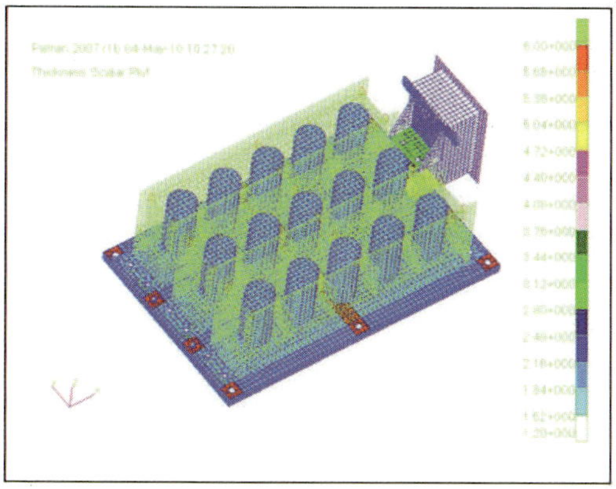

फिल्टर का सीमित अवयव प्रतिमान

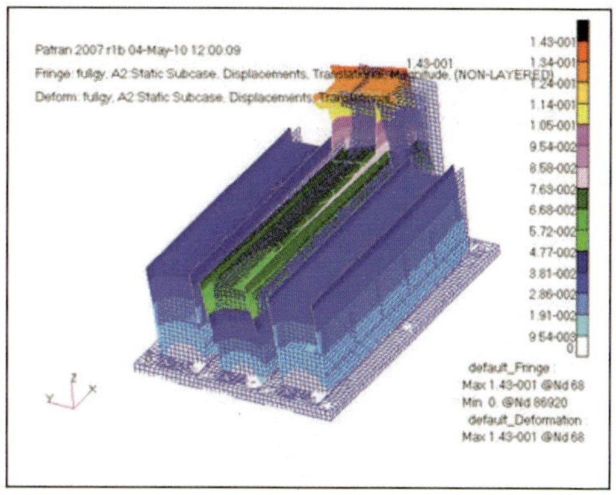

फिल्टर में प्रतिबलों का समोच्च नक्शा

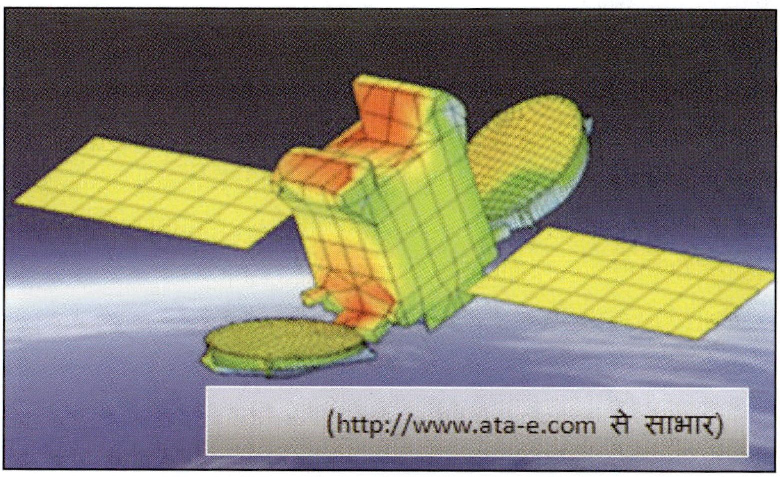

एक कृत्रिम उपग्रह का परिमित अवयव प्रतिमान

7.9 परिमित अवयव विश्लेषण का प्रवाह चित्र—चित्र-7.4

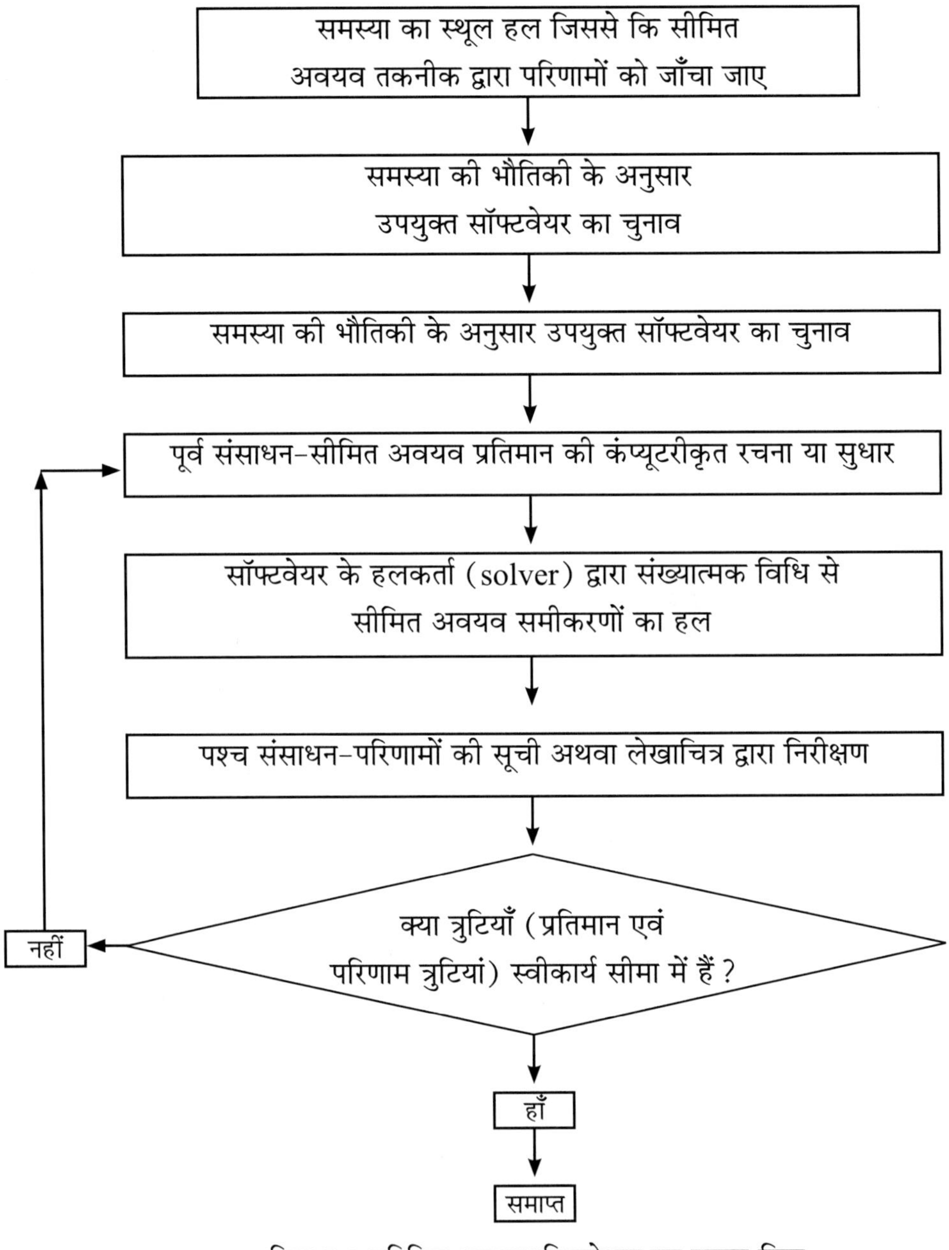

चित्र 7.3 परिमित अवयव विश्लेक्षण का प्रवाह चित्र

7.10 उपसंहार—

कंप्यूटरों के आगमन और सुगम उपलब्धता, पूर्व की अपेक्षा कम लागत होने के फलस्वरूप परिमित अवयव विधि द्वारा विश्लेषण करना आसान हो गया है। वर्तमान में उपलब्ध सॉफ्टवेयरों के द्वारा कई जटिल समस्याओं का हल अपेक्षाकृत कम समय और कम त्रुटि में प्राप्त किया जा सकता है। इस विधि के उपयोग से प्रौद्योगिकी के विकास में क्रांतिकारी मदद मिली है। कम लागत में अच्छे उत्पाद बाजार में आए हैं।

उपग्रह प्रौद्योगिकी में इस विधि का उपयोग, ऐंटेना के संरचनात्मक व विद्युत् अभिकल्पन, विद्युत् परिपथों के सूक्ष्म स्विचों के अभिकल्पन, इलेक्ट्रॉनिक उपकरणों, उपग्रह ढ़ाँचा निर्माण, उपग्रह प्रमोचन यानों के यांत्रिक अभिकल्पन आदि में हो रहा है। इससे उपग्रहों की लागत और गुणवत्ता में अत्यधिक सुधार हुआ है।

8.0 उपग्रहों पर लगने वाले बल—

उपग्रहों पर लगने वाले बलों को मुख्यत: तीन भागों में वर्गीकृत किया जा सकता है—पूर्व प्रमोचन बल, प्रमोचन बल और पश्च प्रमोचन बल

8.1 पूर्व प्रमोचन बल—उपग्रहों की निर्माण प्रक्रिया में पदार्थ की काट-छाँट, नट-बोल्टों और सोल्डर द्वारा जड़ित करने की प्रक्रिया के कारण प्रतिबल उत्पन्न होते हैं एवं परिवहन के दौरान कंपन बल लगते हैं। पूर्व प्रमोचन बल, प्रमोचन बलों की तुलना में अल्प होते हैं।

8.2 प्रमोचन बल—उपग्रह को पृथ्वी से अंतरिक्ष में प्रमोचित करने में आधे घंटे से भी कम समय लगता है। इस अवधि में उपग्रह और उस पर स्थित नीतभारों पर प्रमोचन यान की तीव्र गति, कंपन और ध्वनि के कारण विभिन्न प्रकार के बल लगते हैं। इन बलों में स्थिरवत् बल, ज्यावक्रीय कंपन, ध्वनिक बल, यादृच्छिक कंपन और प्रघात बल प्रमुख हैं।

8.2.1 स्थिरवत् बल—प्रमोचन यान की गति के कारण नीतभारों पर जो बल लगता है, उसे स्थिरवत् बल कहते हैं।

8.2.2 ज्यावक्रीय (sine vibration) कंपन बल—यह बल प्रमोचन यान में लगी मोटरों और यान की प्राकृतिक आवृत्तियों के जागृत होने से उत्पन्न होते हैं।

एक नीतभार पर ज्यावक्रीय कंपन बल का उदाहरण ('जी' गुरुत्वीय त्वरण है) तालिका क्र. 8.1

तालिका क्र. 8.1

स्थापन समतल के लंबवत		स्थापन समतल के समानांतर	
आवृत्ति (हट्र्ज)	स्तर	आवृत्ति (हट्र्ज)	स्तर
5–20	12.4 मि.मी.	5–18	11.5 मि.मी.
20–70	20 'जी'	18–70	15 'जी'
70–100	10 'जी'	70–100	8 'जी'

8.2.3 ध्वनिक कंपन बल—उपग्रहों पर सर्वाधिक ध्वनिक कंपन बल प्रमोचन यान के पृथ्वी से उपर उठने के तुरन्त बाद एवं यान की गति के पराध्वनि स्तर को पार करने के समय लगता है। इन बलों की आवृत्ति 10000 हट्र्ज तक और स्तर 140 से 145 डेसीबेल तक होता है। ध्वनिक बलों का प्रभाव अपेक्षाकृत अधिक क्षेत्रफल वाले नीतभारों जैसे कि छातानुमा ऐंटेनाओं और सौर-फलकों पर अधिक पड़ता है।

ध्वनिक कंपन बल का उदाहरण—तालिका क्र. 8.2

तालिका क्र. 8.2

आवृत्ति(हट्र्ज)	31.5	63	125	250	500	1000	2000	8000	समग्र दबाव
ध्वनिक कंपन दबाव (डेसीबेल)	125	129	130	135	135	130	126	123	140.4

8.2.4 यादृच्छिक कंपन (Random vibration) बल—प्रमोचन यान के शिखर पर स्थित उपग्रह जब वायुमंडल को चीर कर अंतरिक्ष की ओर बढ़ता है तो उस पर वायु जड़त्व के कारण यादृच्छिक कंपन बल लगते हैं। इन बलों की आवृत्ति 20 से 2000 हट्र्ज तक होती है। उपग्रहों के इलेक्ट्रानिक उपकरणों और इनके आवरणों को इस कंपन बल के लिए डिजाइन किया जाता है। यादृच्छिक कंपन बलों के कारण उपग्रह के नीतभारों में टूट-फूट की संभावना अधिक होती है।

एक नीतभार पर यादृच्छिक कंपन बल का उदाहरण—तालिका क्र. 8.3

तालिका क्र. 8.3

आवृत्ति (हट्‌र्ज)	स्तर
20–100	3 डीबी/अष्टक
100–700	0.1 जी^{2}/ हट्‌र्ज
700–2000	–3 डीबी/अष्टक
समग्र 'जी'	11.8

8.2.5 प्रघात बल—प्रमोचन यान के विभिन्न चरण अपना कार्य संपन्न करने के बाद यान से एक विस्फोट के साथ विच्छिन्न होते हैं और अंत में इसी प्रकार उपग्रह भी यान से अलग होकर अपनी कक्षा में स्थापित होता है। इसके परिणामस्वरूप उपग्रह पर प्रघात बल लगता है। प्रघात बल की अवधि एक सेकेंड से भी कम समय की होती है।

प्रघात बल के प्रभाव को प्रघात अनुक्रिया स्पेक्ट्रम (SRS) के रूप में चित्रित किया जाता है। यह आलेख, एकल स्वतंत्रता कोटि (Single degree of freedom) संरचना पर किसी उत्तेजक बल की अनुक्रिया (Response) को दर्शाता है। उत्तेजक बल सामान्यत: त्वरण व समय का पूर्ववृत्त (History) होता है।

एक नीतभार पर प्रघात बल का उदाहरण (प्रघात स्पेक्ट्रम आवृत्ति प्रभाव क्षेत्र में –माउन्टिंग समतल के लंबवत) तालिका क्र. 8.4 चित्र 8.1

तालिका क्र. 8.4

आवृत्ति	प्रघात स्पेक्ट्रम
100–600 हट्‌र्ज	15 डी.बी प्रति अष्टक
600–5000 हट्‌र्ज	400 'जी'
5000–10000 हट्‌र्ज	– 6 डीबी प्रति अष्टक

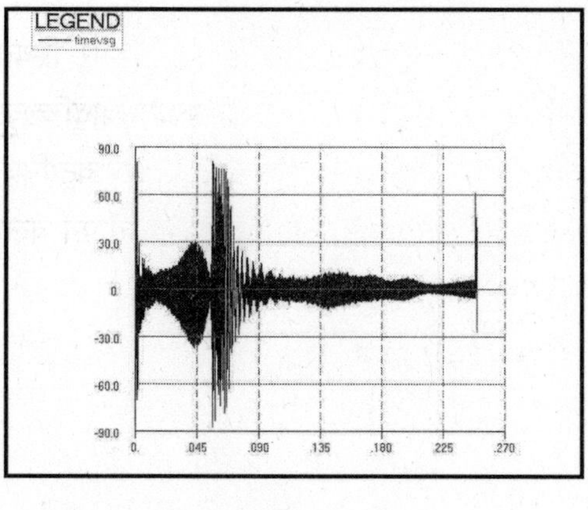

चित्र 8.1 प्रघात स्पेक्ट्रम समय प्रभाव क्षेत्र में

8.3 पश्च प्रमोचन बल (कक्षीय बल)—अंतरिक्ष में भारहीनता की अवस्था में जड़त्व बल शून्यवत होता है। सौरफलकों और छातानुमा ऐंटेनाओं के अंतरिक्ष में खुलने के समय इनके जोड़ों पर प्रघात बल लगता है। अंतरिक्ष में तापमान के उतार चढ़ाव के कारण तापीय विरूपण एवं प्रतिबल उत्पन्न होता है। इसके कारण संसूचकों की भू-संपर्क क्षमता पर विपरीत प्रभाव पड़ता है। उदाहरण के लिए छातानुमा ऐंटेनाओं में –170° से 90° सेल्सियस तक तापमान परिवर्तन हो सकता है।

9.0 संरचनात्मक अभिकल्पन की कसौटियां—

9.1 प्राकृतिक आवृत्ति—

उपग्रह के ढ़ाँचे की विशिष्ट प्राकृतिक आवृत्तियाँ होती हैं और उन पर पर विभिन्न आवृत्तियों के कंपन बल लगते हैं। इन आवृत्तियों के समान होने पर अनुनाद उत्पन्न होता है। इसके कारण नीतभारों में अत्यधिक प्रतिबल ओर विरूपण उत्पन्न होता है। अनुनाद की संभावना को दूर करने के लिए उपग्रहों को इस प्रकार अभिकल्पित किया जाता है कि उनकी प्राकृतिक आवृत्तियाँ इन कंपन बलों से दूर हों।

9.2 प्रतिबल—

उपग्रहों पर लगने वाले बलों द्वारा उत्पन्न प्रतिबल, पदार्थ की प्रतिबल सहन करने की क्षमता से कम होना चाहिए अन्यथा उपग्रह और नीतभारों (उपग्रह पर स्थित उपकरणों) को नुकसान पहुँच सकता है।

9.3 विक्षेपण—

उपग्रहों पर लगने वाले बलों द्वारा उत्पन्न विक्षेपण, विभिन्न नीतभारों और उनके घटकों के बीच की दूरी से कम होना चाहिए। इस प्रकार उनमें किसी प्रकार की टकराहट की संभावना को दूर किया जा सकता है।

10. नीतभारों का निम्न द्रव्यमान हेतु इष्टतमीकरण (Optimization)

10. नीतभारों का निम्न द्रव्यमान हेतु इष्टतमीकरण (Optimization)

जी सैट नीतभार के स्विच ब्रेकेट का निम्न द्रव्यमान हेतु इष्टतमीकरण (Optimization)

सारांश—

उपग्रह प्रमोचन की लागत उपग्रह के द्रव्यमान पर निर्भर करती है। अत: उपग्रह और उसमें प्रयुक्त नीतभारों के द्रव्यमान को इष्टतमीकृत किया जाता है। इष्टतमीकरण के द्वारा हम नीतभारों का अभिकल्पन इस प्रकार करते हैं कि नीतभार कम-से-कम द्रव्यमान में अपना कार्य संतोषजनक रूप से संपन्न कर सके। द्रव्यमान को न्यून करने की विधियों में मजबूत व अपेक्षाकृत कम घनत्व वाले पदार्थों का उपयोग एवं इष्टतमीकृत अभिकल्पन शामिल हैं। संरचना विश्लेषण द्वारा नीतभारों के द्रव्यमान को इष्टतमीकृत किया जाता है। प्रस्तुत लेख में जी-सैट 10 उपग्रह के नीतभार में प्रयुक्त स्विच ब्रेकेट की इष्टतमीकरण विधि पर विचार किया गया है।

10.1 द्रव्यमान के लिए इष्टतमीकरण

किसी संरचना का इष्टतमीकृत द्रव्यमान वह निम्नतम द्रव्यमान है, जिससे कि संरचना का निर्माण करके संतोषजनक रूप में कार्य लिया जा सके। इसमें संरचना पर उसके जीवनकाल के दौरान प्रयुक्त बलों की प्रतिरोधक क्षमता भी शामिल है। संरचना विश्लेषण के मूलभूत सिद्धांतों और पूर्वानुभवों के आधार पर प्राथमिक अभिकल्पन तैयार किया जाता है। इस अभिकल्पन का संरचना विश्लेषण करके प्रतिबल, विक्षेपण व प्राकृतिक आवृत्ति ज्ञात करते हैं। इनका पदार्थ की क्षमता और परियोजना की आवश्यकताओं के साथ तुलना करके सुरक्षा गुणक निकाला जाता है। अभिकल्पन में परिवर्तन करके परियोजना द्वारा निर्धारित सुरक्षा गुणक प्राप्त होने तक विश्लेषण की प्रक्रिया जारी रखी जाती है।

सुरक्षा गुणक = पदार्थ पर वास्तविक प्रतिबल / पदार्थ की प्रतिबल सहने की क्षमता

10.2 इष्टतमीकरण की प्रक्रिया

प्राथमिक अभिकल्पन : संरचना विश्लेषण के मूलभूत सिद्धांतों के आधार पर प्राथमिक अभिकल्पन तैयार किया जाता है। इस गणना में अभिकल्पन में प्रयुक्त पदार्थ के गुणधर्म, संरचना का रेखाचित्र और संरचना पर उसके जीवनकाल में लगने वाले बलों का उपयोग किया जाता है।

इष्टतमीकरण की प्रक्रिया को नीचे दिए हुए प्रवाह चार्ट से समझा जा सकता है। चित्र-10.1

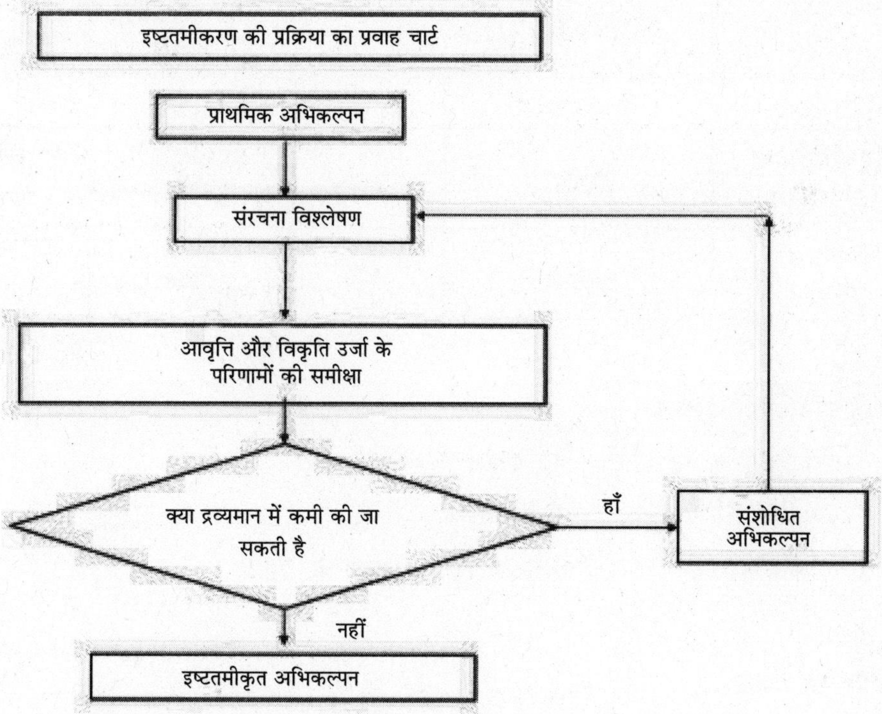

चित्र 10.1 इष्टतमीकरण की प्रक्रिया का प्रवाह चार्ट

10.3. नीतभार का परिचय

जी सैट 10 उपग्रह के नीतभार में इलेक्ट्रॉनिक स्विचों को जड़ित करने हेतु कुल 20 ब्रेकेट का उपयोग किया जाता है। प्रत्येक ब्रेकेट पर 3 स्विचों को जड़ित किया गया है। एक स्विच का द्रव्यमान 300 ग्राम है। ब्रेकेट को एल्युमिनियम धातु 6061 T 6 द्वारा निर्मित किया गया है। स्विच ब्रेकेट सज्जीकरण (Assembly) को 3.2 मि. मी. के आठ बोल्टों द्वारा उपग्रह के फलक पर जड़ित किया गया है।

10.4 प्राथमिक अभिकल्पन का सीमित अवयव तकनीक द्वारा संरचना विश्लेषण

10.4.1 पदार्थ के यांत्रिक गुणधर्म तालिका क्र. 10.1

तालिका क्र. 10.1

पदार्थ	यंग मापांक (कि.ग्रा/वर्ग मि.मी.)	घनत्व	स्थैतिक झुकाव बिंदु (कि.ग्रा/वर्ग मि.मी.)	चरम तनन सामर्थ्य (कि.ग्रा/वर्ग मि.मी.)
इस्पात 304 A	2100	7.8	21	51
एल्युमिनियम 6061-T6	**7000**	**2.7**	**18**	**28**
मेग्नेशियम zk61A	4500	1.7	18	27

10.4.2 वातावरणीय बल

स्विच ब्रेकेट के अभिकल्पन हेतु प्रयुक्त कंपन बल—

1. प्राकृतिक आवृत्ति 100 हट्र्ज से अधिक
2. ज्यावक्रीय कंपन—(sine vibration) तालिका क्र. 10.2

तालिका क्र. 10.2

स्थापन समतल के लंबवत		स्थापन समतल के समानांतर	
आवृत्ति (हट्र्ज)	स्तर	आवृत्ति (हट्र्ज)	स्तर
5–20	12.4 मि.मी.	5–18	11.5 मि.मी.
20–70	20 जी	18–70	15 जी
70–100	10 जी	70–100	8 जी

3. यादृच्छिक कंपन (random vibration) तालिका क्र. 10.3

तालिका क्र. 10.3

स्थापन समतल के लंबवत		स्थापन समतल के समानांतर	
आवृत्ति (हट्र्ज)	स्तर	आवृत्ति (हट्र्ज)	स्तर
20–100	3 डीबी/अष्टक	20–100	3 डीबी/अष्टक
100–700	0.33जी^{2} /हट्र्ज	100–700	0.1 जी^{2} /हट्र्ज
700–2000	–6 डीबी/अष्टक	700–2000	–3 डीबी/अष्टक
समग्र जी	19.1 जी	समग्र जी	11.8 जी

10.4.3 परिमित अवयव प्रतिमान

इलेक्ट्रोनिक स्विच की दृढ़ता (Rigidity) ब्रेकेट की अपेक्षा अत्यधिक है। इसलिए स्विच के द्रव्यमान को एक षट्फलक (box) के रूप में प्रतिरूपित किया गया। षट्फलक और स्विच के बाहरी मापों को समान रखा गया। प्रतिमान को जड़ित सीमा अवस्थाओं के साथ हल किया गया। प्रतिमान में पट्ट सीपी (plate shell) अवयवों का उपयोग किया गया। इसमें कुल अवयवों की संख्या 2511 है।

10.5 प्राथमिक अभिकल्पन की संरचना विश्लेषण के परिणाम

प्राकृतिक आवृत्ति

प्रथम	153 हट्र्ज	आधार दीवार का x अक्ष की धूरी पर घुमाव
द्वितीय	252 हट्र्ज	आधार दीवार का z अक्ष की धूरी पर घुमाव
तृतीय	305 हट्र्ज	आधार दीवार का z अक्ष की धूरी पर घुमाव

अधिकतम प्रतिबल : 6 किलोग्राम / वर्ग मि.मी.

अधिकतम झुकाव : 1मि.मी.

10.6 इष्टतमीकृत संरचना का अभिकल्पन

प्राथमिक अभिकल्पन की संरचना विश्लेषण के परिणामों द्वारा यह निष्कर्ष निकलता है कि स्विच ब्रेकेट की आधार दीवार का विरूपण संरचना के अन्य अवयवों की अपेक्षा अधिक है। अत: संशोधित अभिकल्पन में इस दीवार को ऊर्ध्व व अनुप्रस्थ शहतीरों द्वारा मजबूत बनाया गया। शहतीरों की आरंभिक अभिकल्पन की मोटाई 1 मि.मी. ली गई। इस संशोधित यांत्रिक अभिकल्पन को पुन: विश्लेषित किया गया। पुनरावृत्ति क्रमांक 1 (तालिका 1) में इसके परिणाम दर्शाए गए हैं। प्राप्त परिणामों द्वारा यह ज्ञात होता है कि शहतीर वाली संशोधित संरचना का द्रव्यमान जहाँ प्राथमिक अभिकल्पन से केवल 10 ग्राम अधिक है वहीं संशोधित संरचना की प्रथम प्राकृतिक आवृत्ति 153 हट्र्ज से बढकर 178 हट्र्ज हो गई।

10.6.1 इष्टतमीकरण की पुनरावृत्तियों के परिणाम— तालिका क्र. 10.4

तालिका क्र. 10.4

पुनरावृत्ति क्रमांक	ऊर्ध्व पट्टिका (मि.मी.)	आधार पट्टिका (मि.मी.)			ऊर्ध्व शहतीर (मि.मी.)	अनुप्रस्थ शहतीर (मि.मी.)	आवृत्ति (हट्र्ज)			कुल द्रव्यमान (कि.ग्राम)	ब्रेकेट का द्रव्यमान (ग्राम)
1	3.0	4.0			1.0	1.0	178	286	350	1.222	322
2	1.0	4.0			1.0	1.0	82	138	164	1.116	216
3	1.5	2.0			3.0	1.0	147	258	315	1.108	208
4	1.5	2.0			3.0	3.0	163	268	340	1.124	224
5	1.5	2.0	3.0	2.0	3.0	3.0	175	280	358	1.132	232
6	1.5	2.0	3.0	3.0	3.0	3.0	193	313	372	1.136	236

7	1.5	1.5	3.0	3.0	1.0	3.0	181	287	321	1.112	212
8	1.5	1.5	3.0	3.0	0.1	3.0	161	219	257	1.10	200
9	1.5	1.5	3.0	3.0	3	0.1	105	115	202	1.082	182

अंतिम पुनरावृत्ति (क्रमांक 7 उपरोक्त तालिका से) कोर संधि (hinged) सीमा अवस्थाओं के साथ तालिका क्र. 10.5

तालिका क्र. 10.5

10	1.5	1.5	3.0	3.0	3.0	3.0	167	269	319	1.112	212

संरचना विश्लेषण के विकृति ऊर्जा चित्र (strain energy plot) द्वारा ज्ञात हुआ कि आधार पट्टिका (Base plate) और दीवार पर विकृति ऊर्जा अपेक्षाकृत न्यून है। अत: संरचना विश्लेषण की अगली आवृत्तियों में इन अवयवों की मोटाई को कम किया गया।

इसी प्रकार संरचना के अन्य अवयवों की मोटाई की प्राकृतिक आवृत्ति के प्रति संवेदनशीलता (sensitivity) निकाली गई और अंतिम इष्टतमीकृत अभिकल्पन तैयार किया गया। इसे संशोधित अभिकल्पन तालिका में दर्शाया गया है।

10.6.2 इष्टतमीकृत अभिकल्पन की संरचना विश्लेषण के परिणाम—

प्राकृतिक आवृत्ति

प्रथम	167 हट्र्ज	आधार दीवार का X अक्ष की धूरी पर घुमाव
द्वितीय	263 हट्र्ज	आधार दीवार का Y अक्ष की धूरी पर घुमाव
तृतीय	319 हट्र्ज	आधार दीवार का Z अक्ष की धूरी पर घुमाव

अधिकतम प्रतिबल : 8 किलोग्राम प्रति वर्ग मि.मी.

अधिकतम झुकाव : 1 मि.मी.

प्राथमिक व इष्टतमीकृत अभिकल्पन की संरचना विश्लेषण के परिणामों की तुलनात्मक तालिका : तालिका क्र. 10.6

तालिका क्र. 10.6

	प्राथमिक अभिकल्पन	इष्टतमीकृत अभिकल्पन
प्राकृतिक आवृत्ति (हर्ट्ज)	153, 252, 305	178, 286, 350
अधिकतम प्रतिबल	6 किलोग्राम प्रति वर्ग मि.मी.	8 किलोग्राम प्रति वर्ग मि.मी.
अधिकतम झुकाव	1 मि.मी.	1 मि.मी.
द्रव्यमान	313 ग्राम	212 ग्राम

उपरोक्त परिणामों से यह स्पष्ट है कि इष्टतमीकरण द्वारा ब्रेकेट के द्रव्यमान में कार्यक्षमता को प्रभावित किए बिना 101 ग्राम की कमी की जा सकी है। जी-सैट 10 उपग्रह में इस प्रकार के 20 ब्रेकेट उपयोग में लिए जाने वाले हैं। अतः नीतभार के द्रव्यमान में कुल 2020 ग्राम की कमी हुई है।

10.7 निष्कर्ष—

संरचना विश्लेषण के द्वारा नीतभारों की सुरक्षा व कार्यक्षमता को प्रभावित किए बिना इनके द्रव्यमान में कमी की जा सकती है। द्रव्यमान में हुई इस कमी का लाभ उपग्रह में और अधिक वैज्ञानिक उपकरण स्थापित करके लिया जा सकता है।

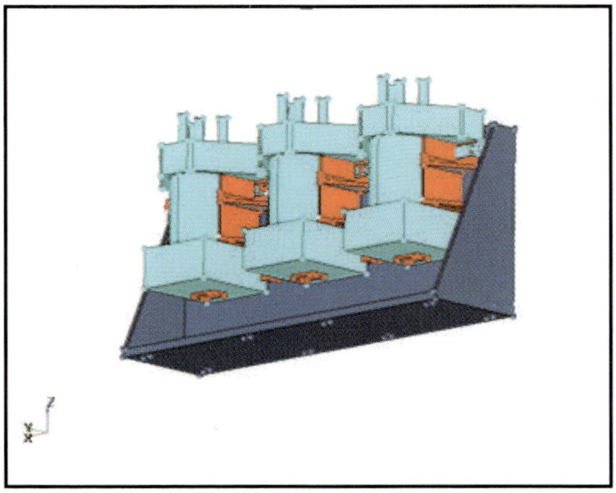

चित्र 10.2 स्विच ब्रेकेट सज्जीकरण का त्रिआयामी चित्र

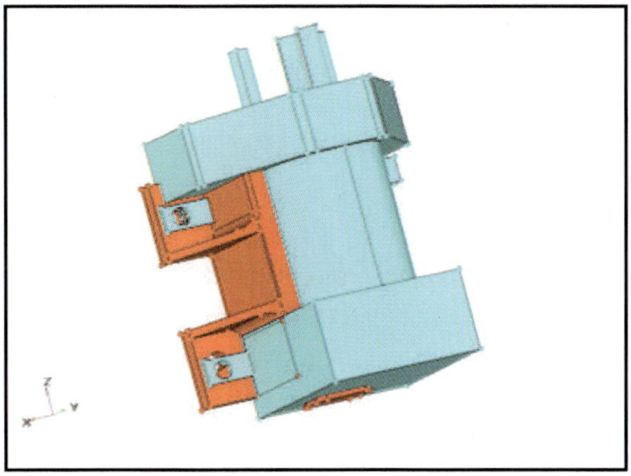

चित्र 10.3 एक स्विच का त्रिआयामी चित्र

स्विच ब्रेकेट का प्राथमिक अभिकल्पन

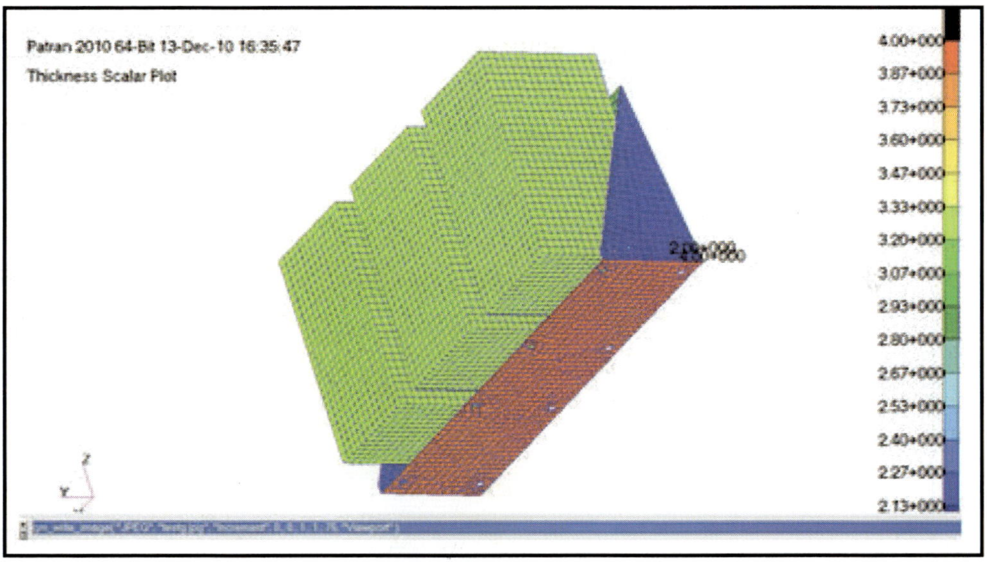

चित्र 10.4 स्विच ब्रेकेट सज्जीकरण का सीमित अवयत प्रतिमान

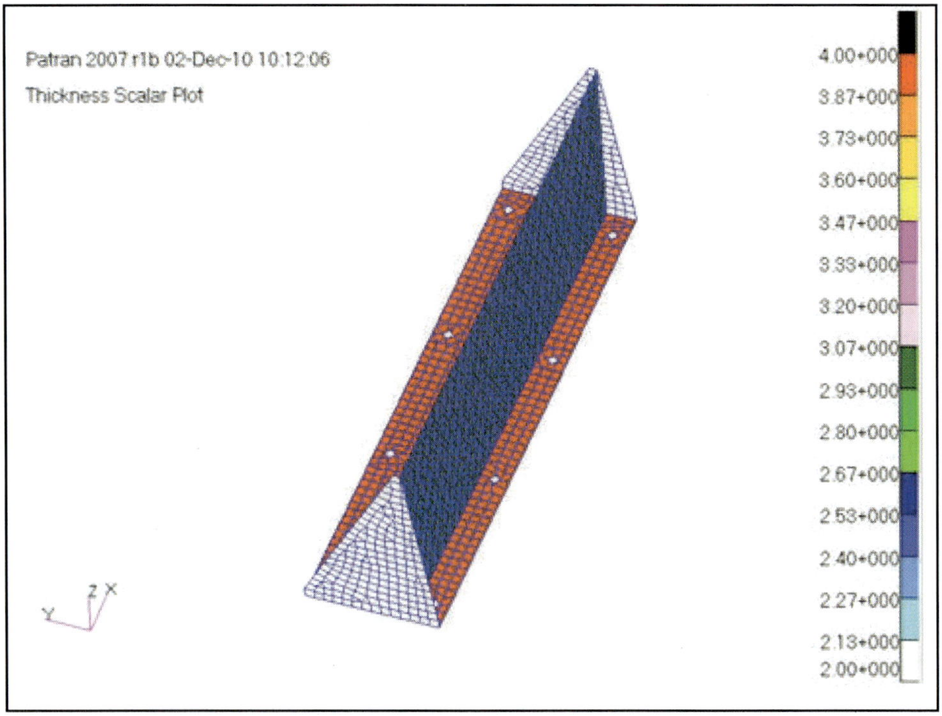

चित्र 10.5 स्विच ब्रेकेट का सीमित अवयव प्रतिमान (प्राथमिक अभिकल्पन)

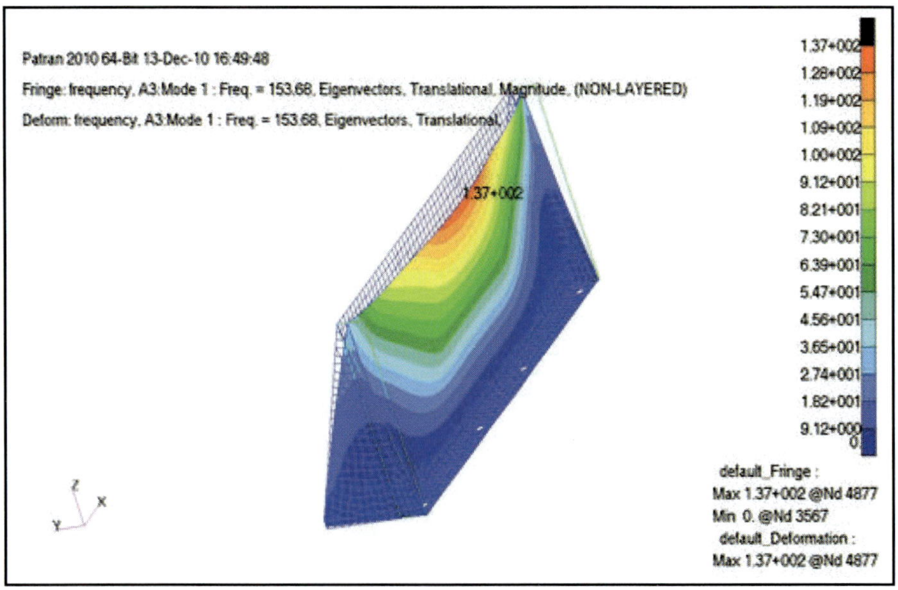

चित्र 10.6 स्विच ब्रेकेट की प्रथम प्राकृतिक आवृत्ति : 153

स्विच ब्रेकेट का इष्टटतमीकृत अभिकल्पन...

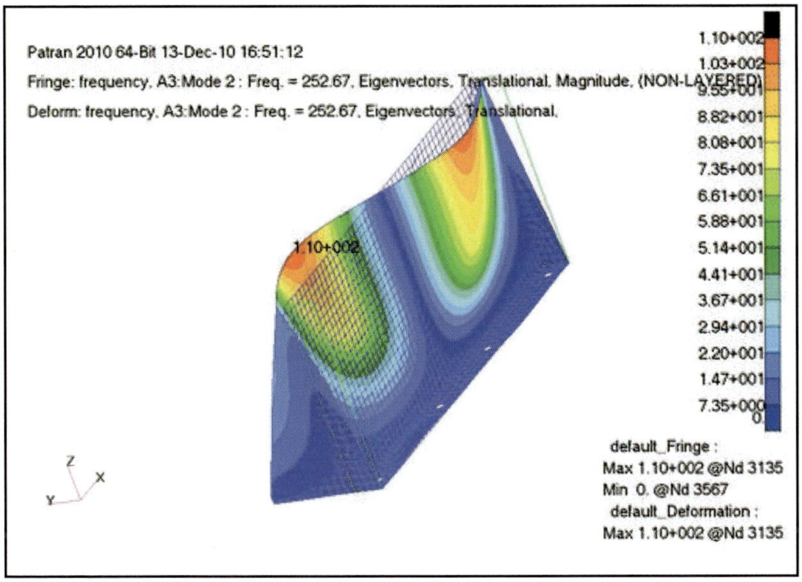

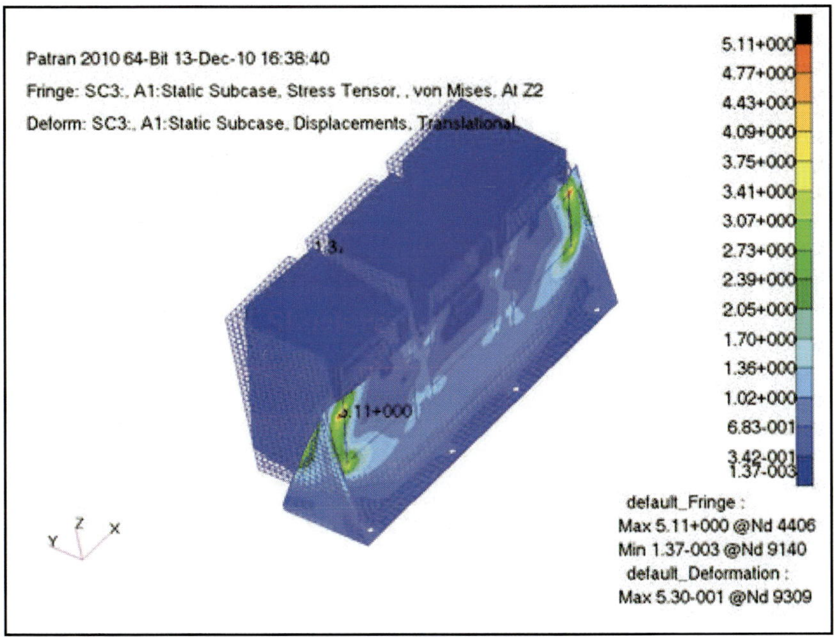

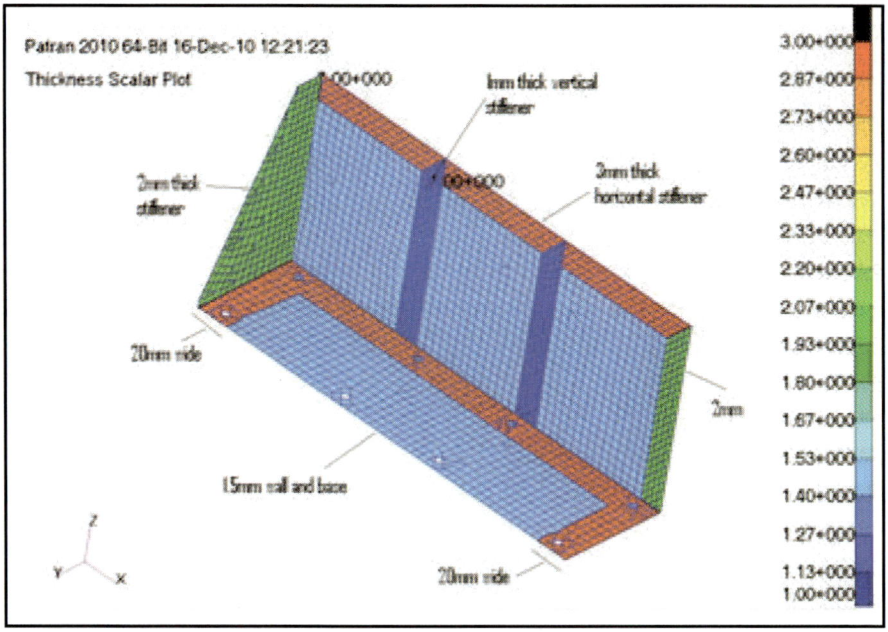

चित्र 10.7 स्विच ब्रेकेट सज्जीकरण पर जड़त्व बलों से उत्पन्न प्रतिबलों का समोच्च नक्शा

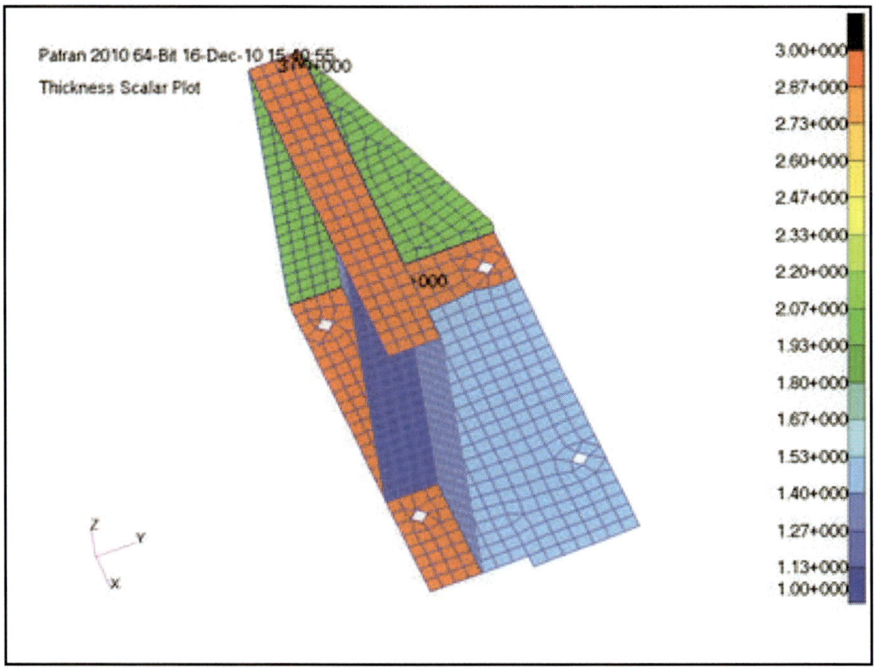

चित्र 10.8 स्विच ब्रेकेट के इष्टटतमीकृत अभिकल्पन का सीमित अवयव प्रतिमान

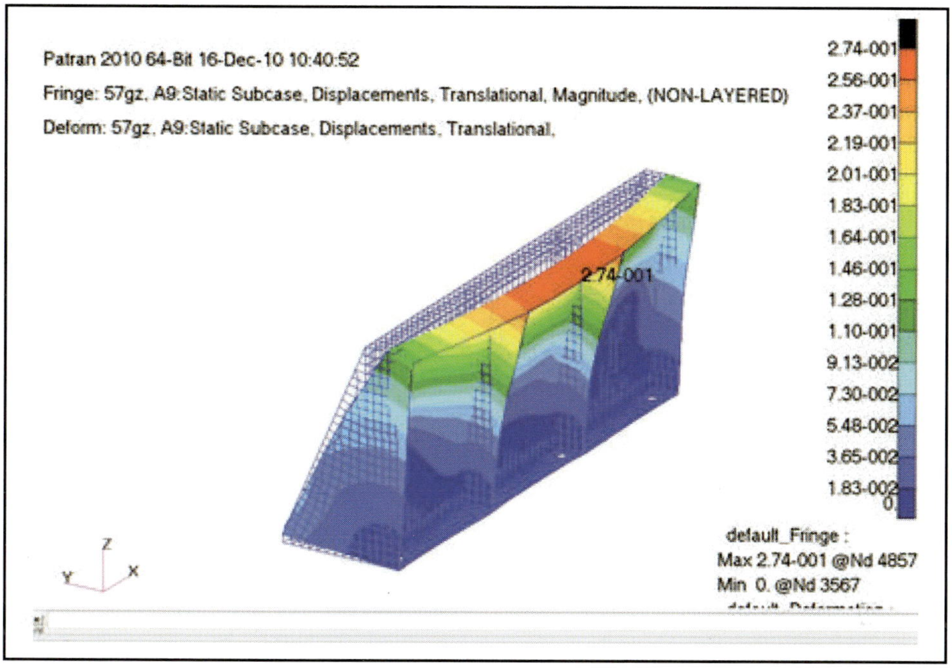

चित्र 10.9 इष्टटतमीकृत अभिकल्पन पर जड़त्व बलों से उत्पन्न झुकाव का समोच्च नक्शा

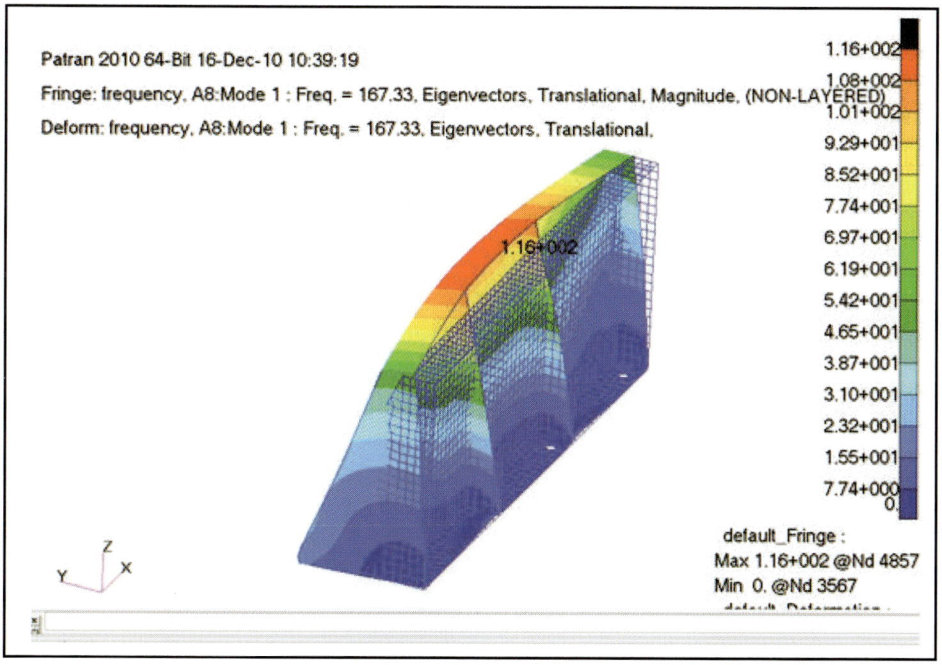

चित्र 10.10 इष्टटतमीकृत अभिकल्पन की प्रथत प्राकृतिक आवृत्ति : 167

11.0 उपग्रहों के प्रमोचन पूर्व के परीक्षण

11.0 उपग्रहों के प्रमोचन पूर्व के परीक्षण

संरचनात्मक अभिकल्पन के आधार पर निर्माण करके संरचना को अंतरिक्ष में कार्य करने के योग्य नहीं समझा जा सकता है। क्योंकि विश्लेषण में संरचना के सभी पहलुओं, जैसे कि पदार्थ के आंतरिक दोष, जोड़ों, तारों और अनुबंधों को पूर्ण रूप से शामिल करना संभव नहीं होता है। इसलिए उपग्रहों के संरचनात्मक अभिकल्पन के पश्चात् उनका निर्माण करके प्रायोगिक जाँच की जाती है। प्रायोगिक जाँच के परिणाम संतोषजनक होने पर उपग्रह को प्रमोचन करने योग्य माना जाता है।

11.1 ताप निर्वात योग्यता परीक्षण

इस परीक्षण के द्वारा उपग्रह के निष्पादन (performance) की जाँच तापनिर्वात कक्ष में की जाती है। इस कक्ष का दबाव 1E–5 मिली बार रखा जाता है और तापमान का 100 सेल्सियस तक आवर्तन (cycle) किया जाता है।

11.2 ध्वानिक कंपन जाँच (Acoustic vibration test)

प्रक्षेपण के समय प्रक्षेपण यान से तीव्र ध्वनि उत्पन्न होने के कारण उपग्रह संरचना पर कंपन बल लगते हैं। उपग्रह संरचना पर इन कंपन बलों के प्रभाव की ध्वानिक कक्ष में जाँच की जाती है। ध्वानिक कक्ष में द्रव नाइट्रोजन को वाष्पीकृत कर विभिन्न आवृत्तियों और तीव्रता (Intensity) की ध्वनियों का स्रोत उत्पन्न किया जाता है। इस स्रोत को प्रवर्धित कर ध्वानिक वातावरण का अनुरूपण (simulation) किया जाता है।

11.3 वैद्युत स्थैतिक आवेश परीक्षण (Electrostatic discharge test)

इस परीक्षण द्वारा अंतरिक्ष के वातावरण और उपग्रह की तीव्र गति से उत्पन्न विभव (Voltage) की उपग्रह के उपकरणों पर पड़ने वाले प्रभार की जाँच की जाती है। भू-स्थिर उपग्रहों पर 500 वोल्ट के विभव (voltage) का अनुमान होता है। चूँकि इस प्रकार के परीक्षण उपकरणों को हानि पहुँचाते हैं, अत: इनको उपग्रह में जाने वाले उपकरणों के प्रतिमान पर ही आयोजित किया जाता है। इस प्रकार के परीक्षण समाकलित (Integrated) उपग्रह पर नहीं किए जाते।

11.4 उपकरणों के भंडारित (storage) तापमान और आर्द्रता (humidity) की जाँच

इन परीक्षणों द्वारा उपकरणों पर भंडारण के तापमान और आर्द्रता के कारण होने वाले अवक्रमण (degradation) की जाँच की जाती है।

परीक्षण के विनिर्देशों का उदाहरण :

1. भंडारण तापमान पर उपकरण को 24 घंटे तक क्रमश ठंडा एवं गरम रखें।

2. 95% आर्द्रता, 40 सेल्सियस तापमान पर 24 घंटे के लिए उपकरण को रखें। यह परीक्षण उपग्रह में जाने वाले उपकरणों के प्रतिरूपों (models) पर ही किया जाता है।

11.5 विद्युत् चुंबकीय व्यतिकरण/संगतता
(Electro Magnetic Interference/Compatibility, EMI/EMC)

विद्युत् चुंबकीय संगतता परीक्षण का उद्देश्य उपग्रह के विभिन्न उपकरणों द्वारा उत्पन्न संकेतों की संगतता की जाँच करना है, ताकि ये संकेत उपकरणों की आपसी कार्यप्रणाली में बाधक न हों। यह जाँच गूँजरहित कोष्ठ (Anechoic chamber) में की जाती है। इस प्रकार का कोष्ठ विद्युत् चुंबकीय तरंगों को पूरी तरह से सोख कर किसी भी प्रकार के परावर्तन को रोकता है। यही स्थिति अंतरिक्ष में भी होती है।

11.6 कंपन जाँच

प्रमोचन यान द्वारा उत्पन्न कंपन बलों के उपग्रह पर प्रभाव की जाँच वैद्युत गतिक प्रकंपित्र (Electrodynamic shaker) द्वारा की जाती है। उपग्रह को प्रकंपित्र पर जड़कर (fastening), प्रकंपित्र द्वारा उपग्रह पर विभिन्न आवृत्ति और तीव्रता के कंपन बल लगाए जाते हैं। ये कंपन बल वही होते हैं, जो कि उपग्रह पर अनुमानित हैं। उपग्रह पर लगे उपकरणों की प्रकंपन जाँच पहले ही कर ली जाती है। इन बलों में ज्यावक्रीय कंपन, यादृच्छिक कंपन और प्रघात बल शामिल हैं। जाँच के दौरान उपग्रह के विभिन्न स्थानों पर त्वरण सूचक व प्रतिबल सूचक लगाकर उन स्थानों की प्रतिक्रिया ज्ञात की जाती है।

कंपन जाँच तीन अक्षों, एक ऊर्ध्व (Vertical) और दो क्षैतिज (Horizontal) दिशाओं में की जाती है। कंपन जाँच के पश्चात् उपग्रह की विद्युत संकेत निष्पादन जाँच की जाती है।

11.7 ध्वानिक जाँच

उपग्रह प्रमोचन के समय तीव्र ध्वनि उत्पन्न होती है। इस ध्वनि से उत्पन्न कंपन उपग्रह और उस पर स्थित उपकरणों को नुकसान पहुँचा सकते हैं। इन कंपनों के उपग्रह पर प्रभाव की जाँच उपग्रह को ध्वानिक कक्ष में रखकर की जाती है।

इस कक्ष में तरल नाइट्रोजन के वाष्पीकरण द्वारा उत्पन्न ध्वनि का शोर के एक स्रोत के रूप में उपयोग किया जाता है। इस ध्वनि को नियंत्रण कपाटों (कंट्रोल वाल्वों) और ध्वनि वर्धकों (लाउड स्पीकरों) द्वारा समन्वय (adjust) कर उसी प्रकार की ध्वनि उत्पन्न की जाती है, जो कि प्रमोचन के समय उत्पन्न होती है।

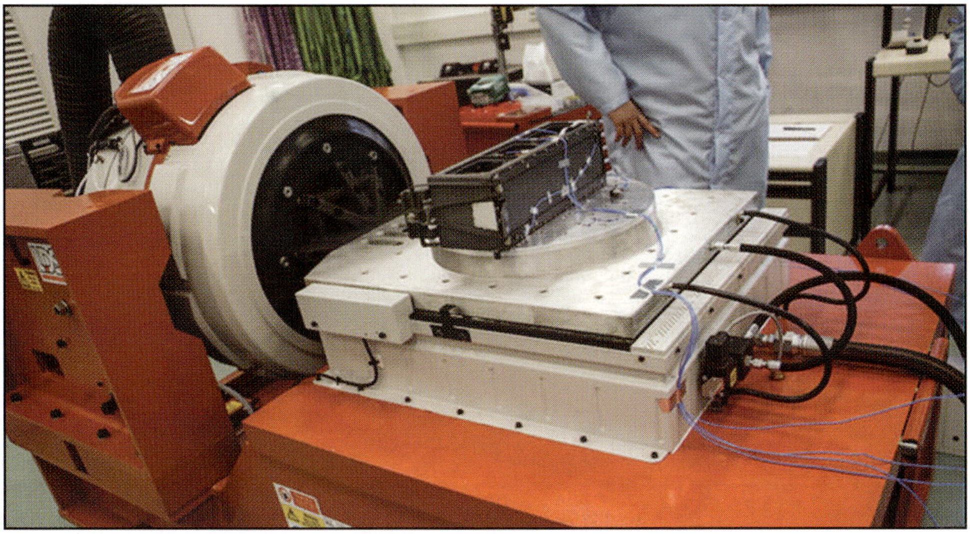

चित्र 10.9 इष्टटतमीकृत अभिकल्पन पर जड़त्व बलों से उत्पन्न झुकाव का समोच्च नक्शा
http://www.space.aau.dk/aausat4/ से साभार

चित्र 10.9 इष्टटतमीकृत अभिकल्पन पर जड़त्व बलों से उत्पन्न झुकाव का समोच्च नक्शा
http://www.space.aau.dk/aausat4/ से साभार

12.0 उपग्रह स्थित इलेक्ट्रानिक उपकरणों के कंपन परीक्षण उपस्करों (fixture) का संरचना विश्लेषण

12.0 उपग्रह स्थित इलेक्ट्रानिक उपकरणों के कंपन परीक्षण उपस्करों (fixture) का संरचना विश्लेषण

सारांश—

उपस्करों का उपयोग नीतभारों की कंपन जाँच में किया जाता है। उपस्कर नीतभार और प्रकंपित्र का मध्यवर्ती घटक है। प्रस्तुत लेख में उपस्करों की संरचना विश्लेषण और अभिकल्पना पर विचार किया गया है। उदाहरण के तौर पर नीतभारों की कंपन जाँच के लिए प्रयुक्त उपस्करों की संरचना विश्लेषण के परिणामों को प्रस्तुत किया गया है।

12.1 परिचय

उपग्रहों में प्रमोचन के दौरान कंपन बल लगते हैं। उपग्रह स्थित उपकरणों को इन कंपन बलों के लिए जाँचा जाता है। कंपन जाँच के बाद उपकरण में किसी प्रकार की टूट-फूट या त्रुटि होने पर अभिकल्पन में सुधार किया जाता है। उपकरणों की कंपन जाँच प्रकंपित्र पर की जाती है। प्रकंपित्र (shaker) के चलायमान हिस्से को आरमेचर अथवा टेबल कहा जाता है। इस टेबल पर जाँच किए जाने वाले उपकरण को जड़ित (fix) करने हेतु चूड़ीदार छिद्र (threaded holes) होते हैं। टेबल पर उपलब्ध छिद्रों और उपकरण को जड़ित करने हेतु उपलब्ध छिद्रों के अनुरूप न होने की स्थिति में उपस्करों का उपयोग किया जाता है।

इस प्रकार उपस्कर प्रकंपित्र और उपकरण के बीच एक माध्यमिक अवयव का कार्य करता है। इसके अलावा, उपस्कर उन परिस्थितियों में भी उपयोगी होता है जब कंपन जांच एक से अधिक दिशाओं में करना हो।

उपकरण को प्रकंपित्र पर जड़ कर उस पर विनिर्दिष्ट वातावरणीय बल लगाए जाते हैं। प्राप्त परिणामों को विश्लेषित कर उपकरण को उपग्रह पर उपयोग के लिए उपयुक्त या अनुपयुक्त घोषित किया जाता है।

12.2 उपस्करों के निर्माण की विधियां

1. **पिण्डक (block) की मशीन द्वारा काट-छाँट—**मेग्नेशियम धातु की मशीन से काट-छाँट अपेक्षाकृत सरल होती है। इस धातु में मशीनी काट-छाँट की सभी क्रियाएँ अधितकम गति से की जा सकती हैं। पिण्डक की काँट-छाँट द्वारा उपस्करों के निर्माण द्वारा जुड़ाई (mating) की समस्याएँ नहीं होती जो कि नट बोल्टों द्वारा निर्मित उपस्कारों में पायी जाती है।

2. **बोल्टों द्वारा जोड़कर निर्मित उपस्कर**—इस प्रकार के उपस्करों को निर्मित करने का विचार तब ही किया जाता है जब अन्य दूसरी विधियाँ उपयोग में न लाई जा सकें।
3. **ढलवाँ उपस्कर (casted fixtures)**—जब उपस्कर का आकार जटिल हो और उसमें घुमावदार सतहें शामिल हो तो उपस्कर को ढाल कर बनाया जाता है। ढलवाँ विधि का एक अन्य लाभ यह है कि इसके द्वारा कुछ उच्च अवमंदन वाली धातुओं, जिनकी वेल्डिंग या मशीनी काँट-छाँट करना मुश्किल होता है, उसको बनाया जा सकता है। इनमें मेग्नेशियम की मिश्रधातुओं का समावेश है।

उपस्करों के निर्माण की अन्य विधियों में झालना (welding) परतीकरण (lamination) और आबंधन (bonding) शामिल हैं।

उपस्करों के निर्माण में प्रयुक्त पदार्थ—उपस्करों के निर्माण में अपेक्षाकृत कम घनत्व और अधिक यंग मापांक (young's moduluds) वाले पदार्थो का उपयोग किया जाता है। इनमें एल्युमिनियम व मेग्नेशियम जैसे पदार्थ शामिल हैं। इन धातुओं का अवमंदन गुणधर्म इस्पात की तुलना में अधिक होता है।

12.3 कुछ पदार्थों के यांत्रिक गुणधर्म—तालिका 12.1

तालिका 12.1

पदार्थ	यंग मापांक (कि.ग्रा/वर्ग मि.मी.)	घनत्व
इस्पात 304 A	2100	7.8
एल्युमिनियम 6061T6	7000	2.7
मेग्नेशियम zk61A	4500	1.7

	स्थैतिक झुकाव बिंदु	चरम तनन सामर्थ्य
	21	51
	18	28
	18	27

12.4 उपस्कर अभिकल्पन के लक्ष्य—

1. प्राकृतिक आवृत्ति—उपस्कर की प्राकृतिक आवृत्ति उपकरण को जाँच करने हेतु लगने वाले बलों की प्राकृतिक आवृत्ति से अधिक होना चाहिए। उपग्रह स्थित उपकरणों को सामान्यत: 10 से 2000 हट्‌र्ज तक के बलों के लिए जाँचा जाता है। उपस्कर की प्राकृतिक आवृत्ति के इस सीमा के अंदर होने पर उपस्कार, प्रकंपित्र द्वारा आरोपित कंपनों को पूर्वत: उपकरण तक नहीं पहुँचा पाएगा। इस कारणवश उपकरण पर निर्धारित कंपन बल लगाने हेतु हमें अधिक मात्रा में कंपन बल आरोपित करने होंगे। इस प्रकार बढ़ा हुआ कंपन बल प्रकंपित्र की क्षमता से अधिक होने पर उपकरण को पूर्ण कंपन जाँच स्तर (Full vibration level) पर जाँचना संभव नहीं हो पाता है। चित्र 12.1

2. अवमंदन (Damping)—उपस्कर का अवमंदन अधिकतम प्राप्त करने का प्रयास होना चाहिए। अवमंदन के अधिकतम होने से प्रकंपित्र, विनिर्दिष्ट जाँच स्तर को उपकरण पर लगाने की क्षमता को आसानी से प्राप्त कर लेगा।

3. द्रव्यमान—प्रत्येक प्रकंपित्र की कंपन जाँच करने की क्षमता निश्चित होती है। इसे प्रकंपित्र की वर्ग माध्यमूल (RMS) क्षमता (rating) कहते हैं। प्रकंपित्र किसी उपकरण को निर्धारित कंपन बल पर जाँच सकता है अथवा नहीं, इसका अनुमान, आरमेचर उपकरण व उपस्कार के संयुक्त द्रव्यमान एवं निर्धारित कंपन जाँच विनिर्देशों के गुणनफल पर आधारित होता है। प्रकंपित्र की जाँच क्षमता के इन नियंत्रणों में आरमेचर और उपकरण के द्रव्यमान एवं जाँच विनिर्देशों को कम नहीं किया जा सकता। अत: उपस्कर को द्रव्यमान के न्यूनतम संभावित स्तर पर रखने का प्रयास करना चाहिए।

12.5 संरचना विश्लेषण

संरचना विश्लेषण सीमित अवयव तकनीक द्वारा किया गया। इस तकनीक का विस्तृत विवरण विगत अध्याय में दिया गया है। इस अनुच्छेद में इसको संक्षिप्त रूप में समझाया गया है। जटिल संरचनाओं का विश्लेषण संख्यात्मक विधियों (numerical methods) द्वारा किया जाता है। सर्वप्रथम विश्लेषण की जाने वाली संरचना को एक निश्चित संख्या के अवयवों में विभक्त किया जाता है। इन अवयवों के गुण पूर्व में ज्ञात कर लिए जाते हैं। इस प्रकार संपूर्ण संरचना का एक गणितीय प्रतिमान (Mathematical model) आव्यूह के रूप में उपलब्ध होता है। इस गणितीय प्रतिमान को विभिन्न प्रकार की भार स्थितियों और सीमा अवस्थाओं (boundary conditions) के साथ हल किया जाता है। इसके द्वारा हमें संरचना में विकृतियों और प्रतिबलों का मान प्राप्त होता है। कंप्यूटरों द्वारा आव्यूह का हल निकालना व अन्य गणनाएँ करना आसान होता है। अत: सीमित अवयव विधि प्रचलित एवं लागत प्रभावी बन गई है। संरचना विश्लेषण के लिए निसा-II/डिस्प्ले-III एवं नास्ट्रान/पेट्रान सॉफ्टवेयरों का उपयोग किया गया।

प्रेषणता

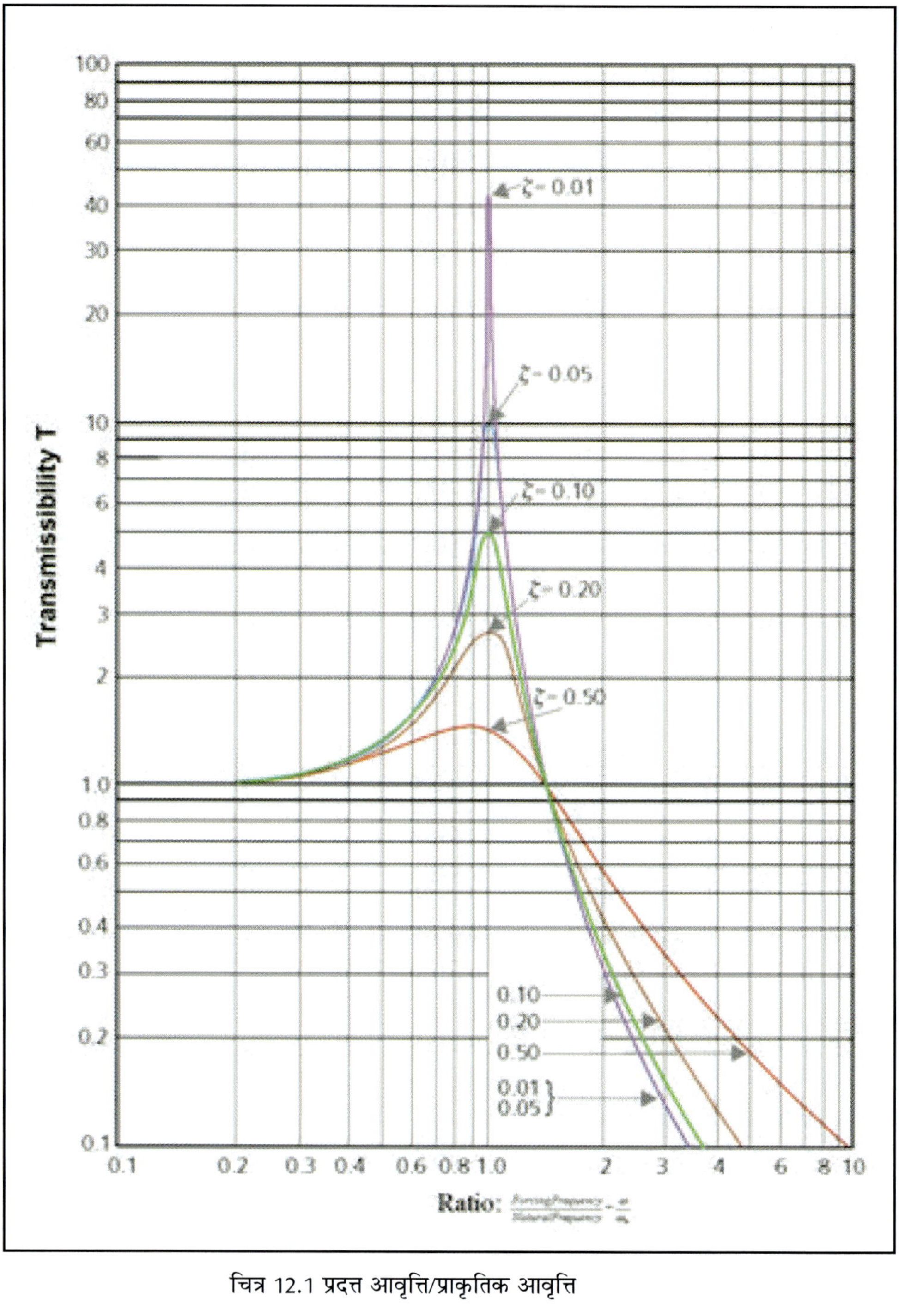

चित्र 12.1 प्रदत्त आवृत्ति/प्राकृतिक आवृत्ति

12.6 उपग्रह स्थित उपकरणों की जाँच के लिए कंपन बल—
(एक उदाहरण -जीसैट-4 स्थित उपकरण)

1. तुल्य ज्यावक्रीय कंपन—(sine vibration) तालिका 12.1

तानिका 12.1

स्थापन समतल के लंबवत		स्थापन समतल के समानांतर	
आवृत्ति (हट्र्ज)	स्तर	आवृत्ति (हट्र्ज)	स्तर
5–20	12.4 मि.मी.	5–18	11.5 मि.मी.
20–70	20 जी	18–70	15 जी
70–100	10 जी	70–100	8 जी

2. यादृच्छिक कंपन (random vibration) तालिका 12.2

तालिका 12.2

आवृत्ति (हट्र्ज)	स्तर
20–100	3 डीबी/अष्टक
100–700	0.1 जी2 / हट्र्ज
700–2000	–3 डीबी/अष्टक
समग्र जी	11.8 जी

12.7 कुछ उपस्करों की संरचना विश्लेषण के परिणाम

1. आई.आर.एस. उपग्रह के नीतभार की कंपन जाँच के लिए प्रयुक्त उपस्कर

(अ) द्रव्यमान नियंत्रण—150 कि.ग्रा. से कम

(ब) पदार्थ—मेग्नेशियम मिश्र धातु zk61A

(स) प्राथमिक अभिकल्पन की संरचना विश्लेषण के परिणाम

द्रव्यमान—96 किलोग्राम

प्राकृतिक आवृत्ति—370 हट्र्ज

(द) इष्टमीकृत अभिकल्पन के परिणाम—

द्रव्यमान—138 किलोग्राम

प्राकृतिक आवृत्ति—607 हट्र्ज

अधिकतम प्रतिबल नीतभार के साथ—5 कि.ग्रा./वर्ग मि.मी.

2. इन्सैट-3 डी उपग्रह की दूरबीन संरचना की कंपन जाँच के लिए प्रयुक्त उपस्कर

(अ) पदार्थ—मेग्नेशियम मिश्र धातु

(ब) प्राथमिक अभिकल्पन की संरचना विश्लेषण के परिणाम

द्रव्यमान—51 किलोग्राम

प्राथमिक आवृत्ति—2250 हट्र्ज

(स) इष्टमीकृत अभिकल्पन के परिणाम—

द्रव्यमान—32 किलोग्राम

प्राकृतिक आवृत्ति—1013 हट्र्ज

3. जीसैट-5 उपग्रह के आंचलिक फीड ब्रेकेट (Zonal Feed bracket) की कंपन जाँच के लिए प्रयुक्त उपस्कर

(अ) पदार्थ—मेग्नेशियम मिश्र धातु

(ब) प्राथमिक अभिकल्पन की संरचना विश्लेषण के परिणाम

द्रव्यमान—70 किलोग्राम

प्राथमिक आवृत्ति—856 हट्र्ज

12.8 निष्कर्ष :

1. संरचना विश्लेषण द्वारा उपस्करों के द्रव्यमान को इष्टमीकृत किया जा सकता है।
2. उपस्करों के निर्माण में अपेक्षाकृत अधिक अवमंदन वाले पदार्थों का उपयोग किया जाना चाहिए।
3. इस प्रकार कम द्रव्यमान, अधिक प्राकृतिक आवृत्ति और अधिक अवमंदन वाले पदार्थों का उपस्करों में प्रयोग कर प्रकंपित्र को उसकी अधिकतम क्षमता के साथ उपयोग किया जा सकता है।

1. आई.आर.एस. उपग्रह के नीतभार की कंपन जाँच के लिए प्रयुक्त उपस्कर का संरचना विश्लेषण

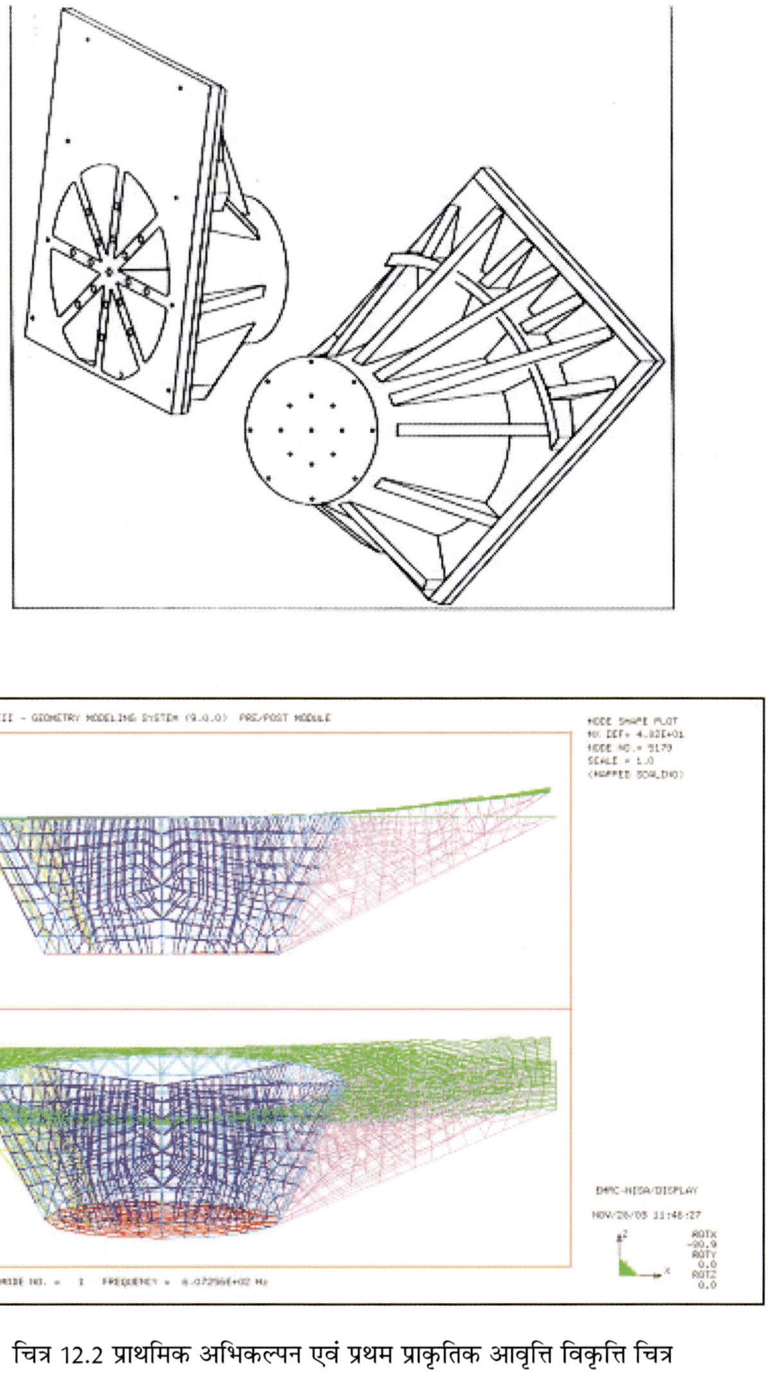

चित्र 12.2 प्राथमिक अभिकल्पन एवं प्रथम प्राकृतिक आवृत्ति विकृति चित्र

2. इन्सैट-3 डी उपग्रह की दूरबीन के उपस्कर का संरचना विश्लेषण

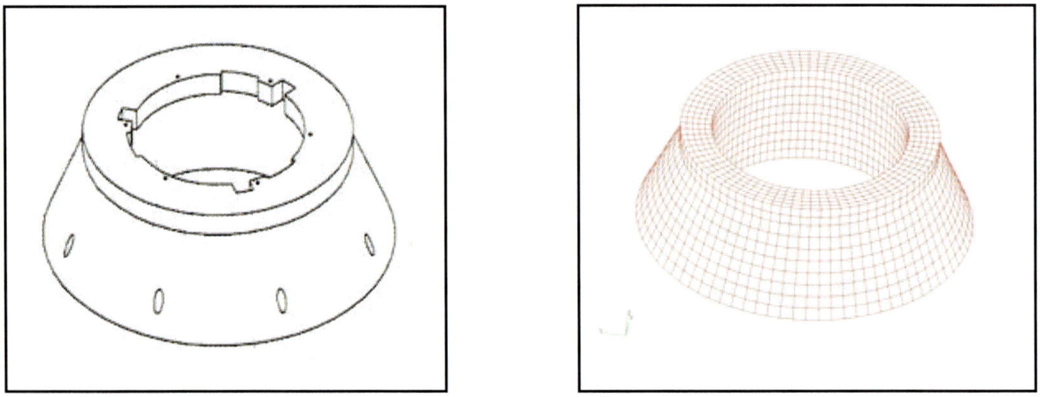

चित्र 12.3 प्राथमिक अभिकल्पन एवं सीमित अवयव चित्र

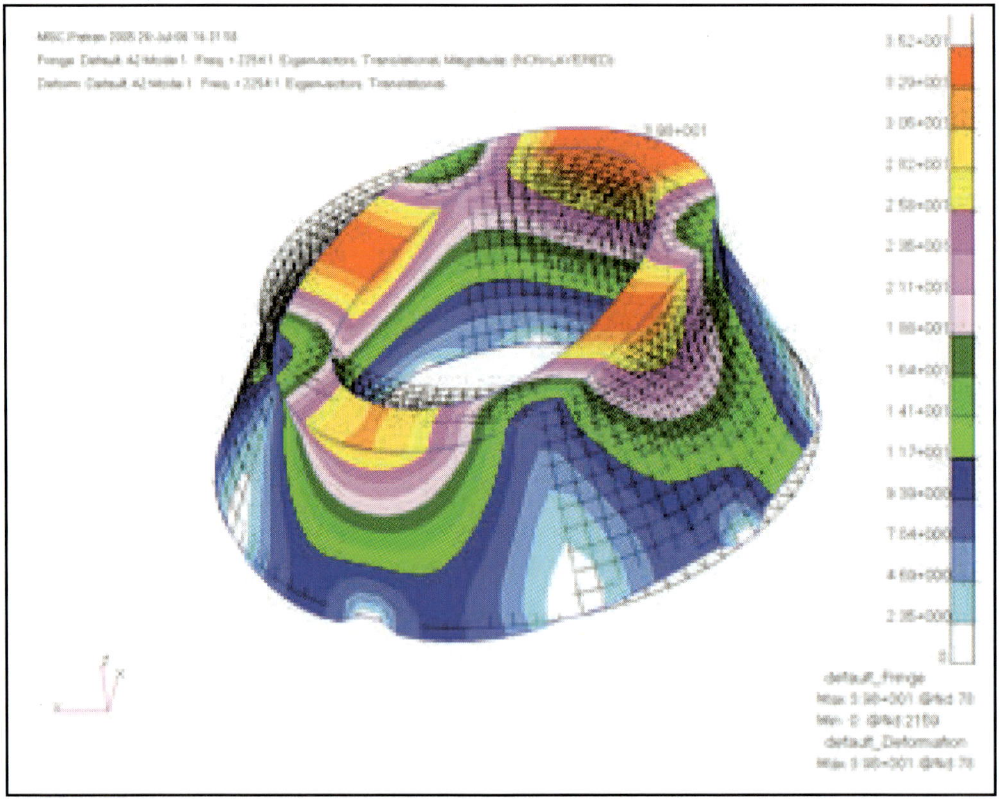

चित्र 12.4 प्रथम प्राकृतिक आवृत्ति-2254 हर्ट्ज

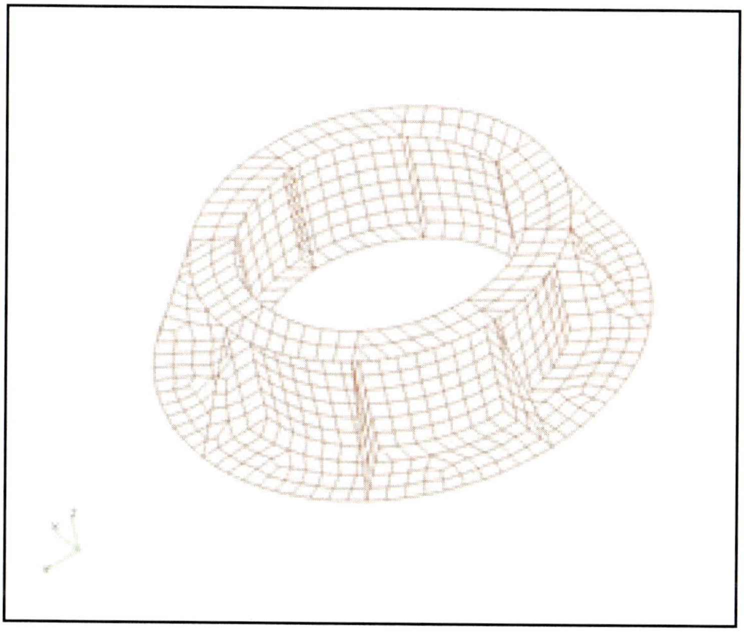

चित्र 12.5 इष्टमीकृत सीमित अवयव चित्र

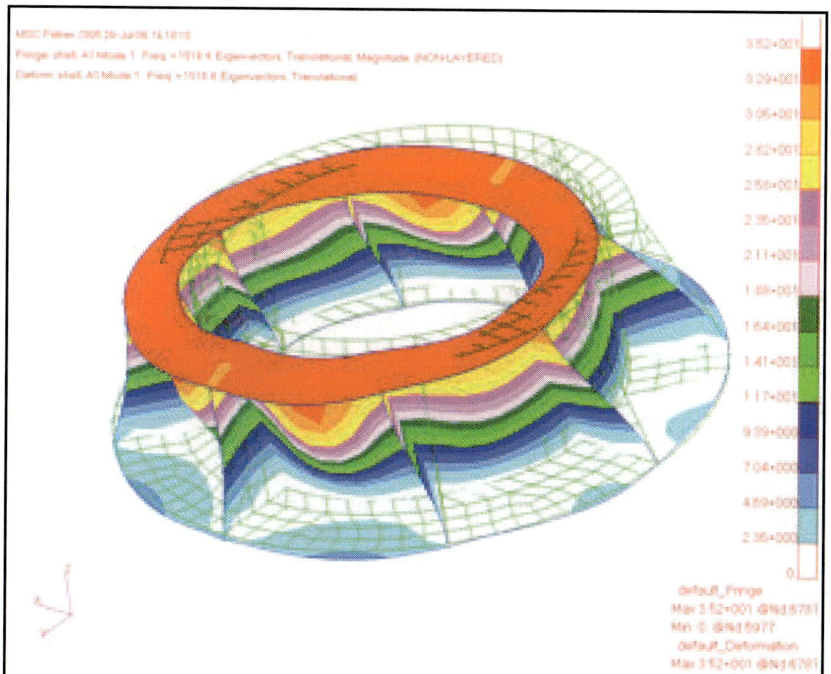

चित्र 12.6 प्रथम प्राकृतिक आवृत्ति–1518 हर्ट्ज

13.0 नीतभारों का प्रघात बल (shock load) के लिए संरचना विश्लेषण

चित्र 12.7 सीमित अवयव प्रतिमान

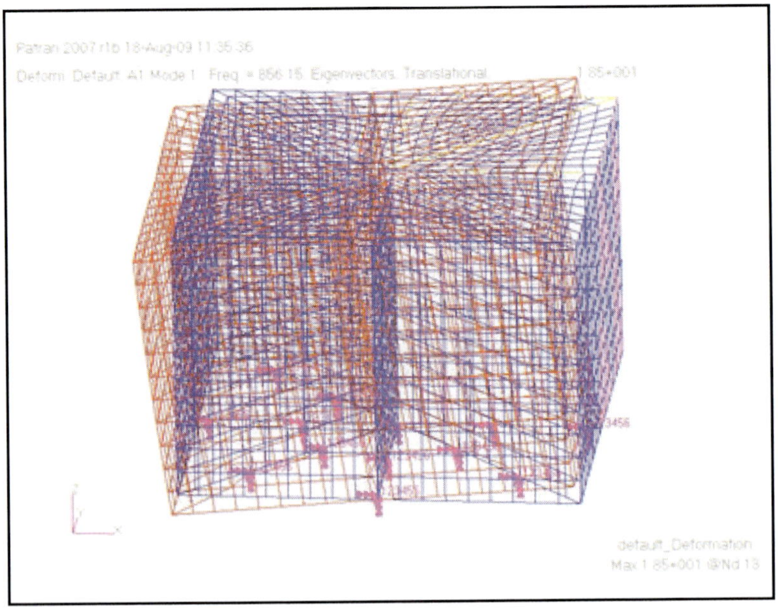

चित्र 12.8 प्रथम प्राकृतिक आवृत्ति-856 हट्र्ज—विकृति चित्र

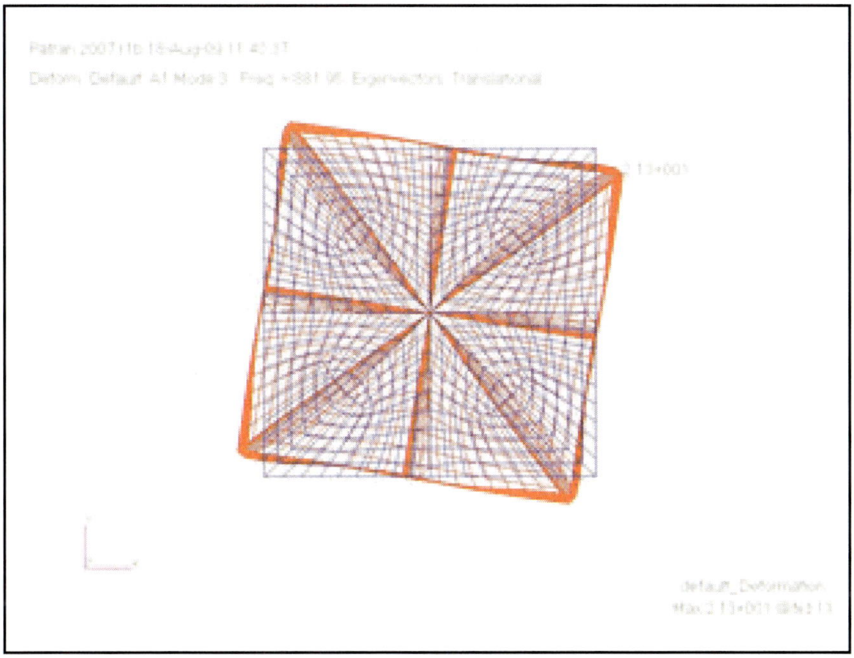

चित्र 12.9 तृतीय प्राकृतिक आवृत्ति 881 हट्र्ज

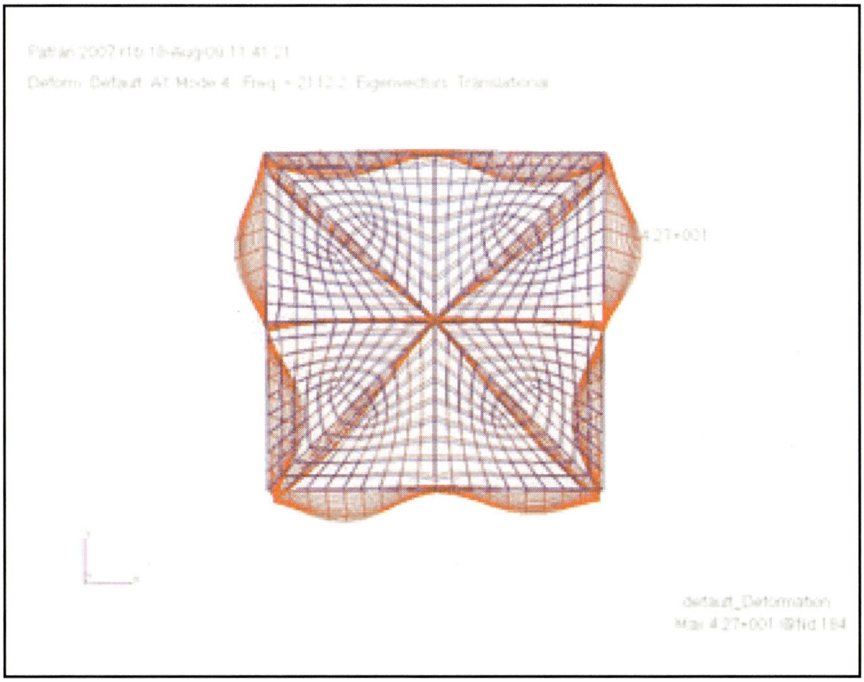

चित्र 12.10 चतुर्थ प्राकृतिक आवृत्ति–2212 हट्र्ज

13.0 नीतभारों का प्रघात बल (shock load) के लिए संरचना विश्लेषण

13.0 नीतभारों का प्रघात बल (shock load) के लिए संरचना विश्लेषण

परिचय—

प्रघात बल अतयंत सूक्ष्म अवधि के लिए लगने वाला बल होता है। इसकी अवधि कुछ मिलि सेकेंड तक हो सकती है। प्रघात बलों के कुछ उदाहरणों में भूकंपीय बल, ऊबड़-खाबड़ सड़क पर गतिमान वाहनों का अचानक ब्रेक लगना, उपग्रह का प्रमोचन यान से विच्छेद होना आदि शामिल हैं। उपग्रह और उस पर स्थित उपकरणों पर अंतिम चरण में यान से अलग होने पर अत्यंत सूक्ष्म अवधि का बल लगता है। इसे प्रघात बल कहते हैं। इस बल की अवधि उपग्रह और उस पर स्थित उपकरणों के प्राकृतिक आवर्तकाल की तुलना में अत्यंत न्यून होती है।

प्रघात बल के प्रभाव को प्रघात अनुक्रिया स्पेक्ट्रम (SRS) के रूप में चित्रित किया जाता है। यह आलेख एकल स्वतंत्रता कोटि (Single degree of freedom) पर किसी उत्तेजक बल की अनुक्रिया (Response) को दर्शाता है। उत्तेजक बल सामान्यत: त्वरण व समय का पूर्ववृत्त (History) होता है।

स्पेक्ट्रम को एक एकल स्वतंत्रता कोटि प्रघात अनुक्रिया के आधार पर क्षणिक (transient) उत्तेजक बल लगाकर बनाया जाता है। इस प्रकार अनेक एकल स्वतंत्रता कोटि तंत्रों पर एक ही समय निवेश पूर्व-वृत्त लगाकर मूल्यांकन किया जाता है। इस प्रकार के विश्लेषण में अवमंदन गुणांक (damping ratio) की जरूरत होती है। इसका मान सामान्यत: 0.05 लिया जाता है।

प्रघात अनुक्रिया स्पेक्ट्रम एक आवृत्ति प्रभाव लेख (frequency domain plot) जैसा प्रतीत होता है। यह किसी एकल स्वतंत्रता कोटि पर उत्तेजक समय पूर्ववृत्त की अधिकतम अनुक्रिया को प्रदान करता है।

13.1 प्रघात अनुक्रिया स्पेक्ट्रम (प्र.अ.स.) का संश्लेषित समय पूर्ववृत्त के साथ मिलान

प्रघात अनुक्रिया स्पेक्ट्रम द्वारा किसी उत्पाद की सही कंपन जाँच करना संभव नहीं है, क्योंकि इसका समय पूर्ववृत्त ज्ञात नहीं होता है। प्र.अ.स. द्वारा समय पूर्ववृत्त ज्ञात करने के लिए यह माना जाता है कि प्राप्त किया हुआ समय पूर्ववृत्त उत्पाद को उसी मात्रा में हानि पहुँचाएगा जो कि दिया हुआ प्र.अ.स. (SRS) पहुँचा सकता है। समय पूर्ववृत्त (Time History) संश्लेषण, प्रकंपित्र (shaker) की भौतिक सीमाओं पर निर्भर करता है। इन सीमाओं में प्रकंपित्र द्वारा प्रदत्त आरंभिक व अंतिम त्वरण, वेग और विस्थापन शून्य होता है।

अनुप्रयुक्त त्वरण प्रकंपित्र की बल लगाने की क्षमता पर निर्भर करता है। स्मालवुड ने अपने शोध पत्रों में अनेक प्रकार की क्षणिकाओं का उल्लेख किया है, जो कि प्रकंपित्र की सीमाओं के अनुकूल हैं। इनमें

क्षय होती ज्यावक्रों का जोड़ (Sum of decaying sinusoids), द्रुत ज्याप्रसर्प (fast sine sweep), माडुलित यादृच्छिक रव (Modulated random noise), चिरप्रतिष्ठित स्पंद (classical pulses) प्रकंपित इष्टतमीकृत कोज्या (Shaker optimized cosines) आदि शामिल हैं।

13.2 गतिक भार (dynamic load) की स्थिति में पदार्थों के गुणधर्म—

गतिक भार के परिणामस्वरूप पदार्थ के यांत्रिक गुणधर्म, स्थैतिक भार परिस्थिति की तुलना में बहुत अलग होते हैं। यह पाया गया है कि अधिकतर पदार्थों के चरम तनन सामर्थ्य में उच्च विकृति दर (high strain rate) पर पर्याप्त वृद्धि होती है। चरम तनन सामर्थ्य (ultimate Tensile strength) में अधिकतम वृद्धि 7.5 मीटर प्रति सेकंड के निवेश वेग पर होती है। इससे अधिक गति बढ़ाने पर चरम तनन सामर्थ्य में बहुत कम वृद्धि होती है, भले ही यह वेग 60 मीटर /सेकंड तक हो।

भार लगाने की दर बढ़ाने पर झुकाव बिंदु (yield point) साधारणतया बढ़ जाता है। अनेक अभियांत्रिक पदार्थों का झुकाव बिंदु सामर्थ्य 15 से 30 मीटर प्रति सेकंड के निवेश वेग पर गतिक चरम तनन सामर्थ्य के स्तर पर पहुँच जाता है और पदार्थ भंगुर (brittle) जैसा व्यवहार करने लगता है।

विभिन्न पदार्थों की संघात वेग (impact velocity) द्वारा दीर्घीकरण (Elongation) और शक्ति अवशोषित करने की क्षमताएँ व्यापक रूप से बहुत भिन्न होती हैं।

कुछ अभियांत्रिक पदार्थों के स्थैतिक और गतिक गुणधर्म तालिका 13.1

तालिका 13.1

पदार्थ	स्थैतिक झुकाव बिंदु कि.ग्राम./वर्ग से.मी.	चरम तनन सामर्थ्य कि.ग्रा./वर्ग से.मी.	
		स्थैतिक	गतिक
एलुमिनियम 2024T6	3290	4557	4830
इस्पात	318	6531	7756
तांबा	2100	3150	4200
मेग्नेशियम	2100	3080	3500

13.3 प्रकंपित्र पर प्रघात जाँच के लिए प्रयुक्त प्रतिमान

प्रघात जाँच के लिए एलुमिनियम की बनी एक छड़ का प्रयोग किया गया। इसका माप 375 मि.मी. X 56 मि.मी. X 18 मि.मी. है। इस छड़ का वजन 1.0 कि.ग्रा. है। इसे प्रकंपित्र पर 8 मि.मी. व्यास के दो बोल्टों द्वारा एक सिरे पर स्थिर किया गया। इस छड़ पर त्वरण नापने के लिए त्वरण मापी लगाए गए।

13.4 प्रघात स्पेक्ट्रम

प्रघात जाँच के लिए प्रतिमान (Model) पर 1-2k/ 1-3k श्रेणी के उपग्रहों की उत्तर/दक्षिण पैनलों के लिए उपयुक्त प्रघात स्पेक्ट्रम लगाया गया। यह स्पेक्ट्रम जाँच स्तर विनिर्देशन (ETLS) से लिया गया। यह स्पेक्ट्रम आवृत्ति विरुद्ध 'जी' स्तर का है। इसको समय विरुद्ध 'जी' स्तर पर बदला गया। यह कार्य कंपन जाँच सुविधा द्वारा किया गया। जाँच के लिए प्रयुक्त छड़ को प्रकंपित्र पर जड़ित कर इसे प्रघात स्पेक्ट्रम का कंपन दिया गया।

प्रघात स्पेक्ट्रम आवृत्ति प्रभाव क्षेत्र में माउंटिंग समतल के लंबवत तालिका 13.2

तालिका 13.1

आवृत्ति	प्रघात स्पेक्ट्रम
100-600 हट्र्ज	15 डी.बी प्रति अष्टक
600-5000 हट्र्ज	400 'जी'
5000-10000 हट्र्ज	- 6 डीबी प्रति अष्टक

13.5 प्रघात अनुक्रिया विश्लेषण (Shock response Analysis)

प्रघात विश्लेषण के लिए नास्ट्रान/पेट्रान सॉफ्टेवयरों का उपयोग किया गया। जाँच के लिए प्रयुक्त संरचना को दण्ड अवयवों द्वारा प्रतिरूपित किया गया। जाँच के दौरान जाँचे गए स्थानों पर विशेष तौर पर नोड बनाए गए। इस प्रकार प्रतिरूपित संरचना पर वही प्रघात स्पेक्ट्रम लगाया गया जिसका कि प्रायोगिक जाँच के लिए प्रयोग किया गया। विश्लेषण के लिए नास्ट्रान का समाधान क्रमांक 109 उपयोग किया गया।

विभिन्न नोडों पर प्रतिबल त्वरण और विस्थापन के लिए प्रघात अनुक्रिया ज्ञात की गई।

प्रायोगिक व सैद्धांतिक परिणामों की तुलना त्वरण 'जी' की इकाई में तालिका 13.3

तालिका 13.3

माप की स्थिति	प्रायोगिक	सैद्धांतिक
नोड 17	110	165
नोड 21	110	55

13.6 निष्कर्ष

प्रघात विश्लेषण के परिणाम व प्रायोगिक जाँच में लगभग 50% का अंतर है। इसके कुछ कारण निम्नलिखित हो सकते हैं—

1. प्रघात विश्लेषण के सूत्रीकरण (formulation) के दौरान अनेक सन्निकटनों (approximations) का उपयोग किया जाता है।
2. प्रघात विश्लेषण में जटिल गणितीय प्रक्रियाओं का भी उपयोग होता है। इन प्रक्रियाओं में भी सन्निकटनों का उपयोग होता है।
3. जाँच के दौरान संरचना में त्वरणमापी की स्थिति और विश्लेषण के दौरान परखी गई नोड की स्थिति भिन्न हो सकती है।

उपरोक्त कारणों को ध्यान में रखते हुए यह निष्कर्ष निकाला जा सकता है कि प्रघात विश्लेषण एक जटिल प्रक्रिया होते हुए भी हम एक सीमा तक किसी संरचना में प्रघात बल द्वारा उत्पन्न प्रतिबल, त्वरण व विस्थापन आदि का अनुमान लगा सकते हैं।

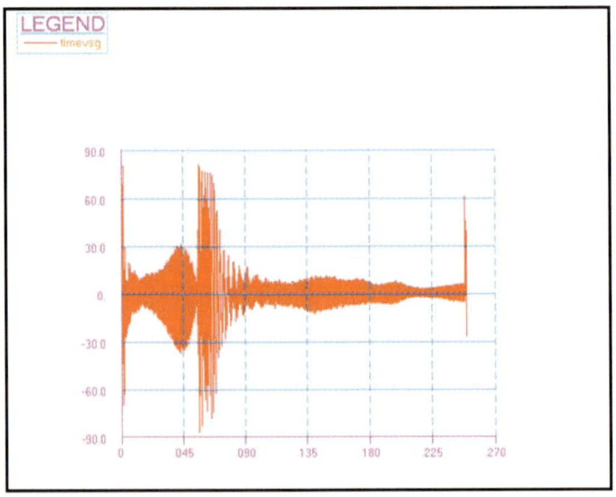

चित्र 13.1 प्रघात स्पेक्ट्रम समय प्रभाव क्षेत्र में

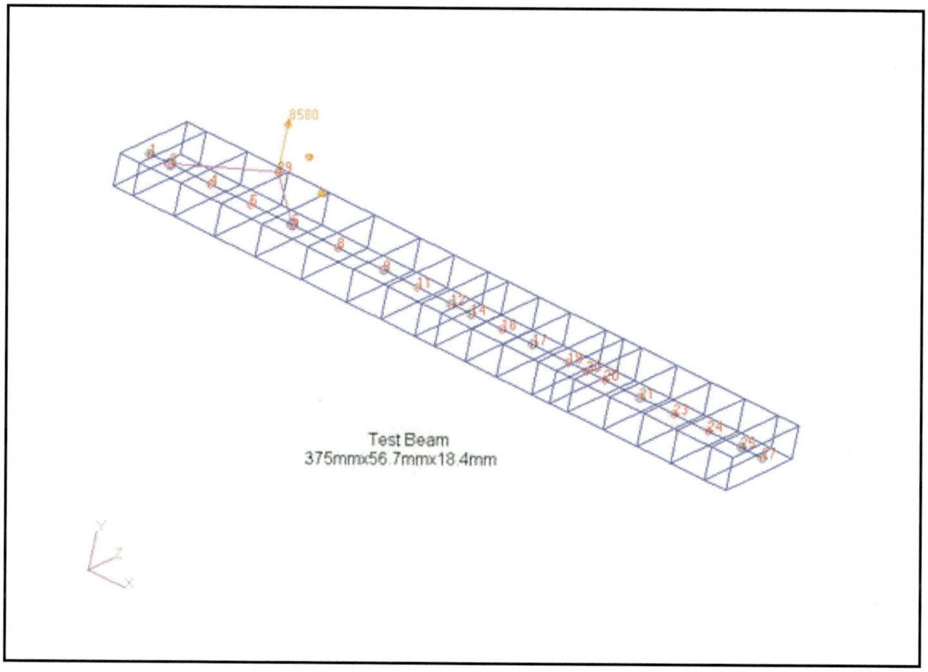

चित्र 13.2 जाँच के लिए प्रयुक्त प्रतिमान

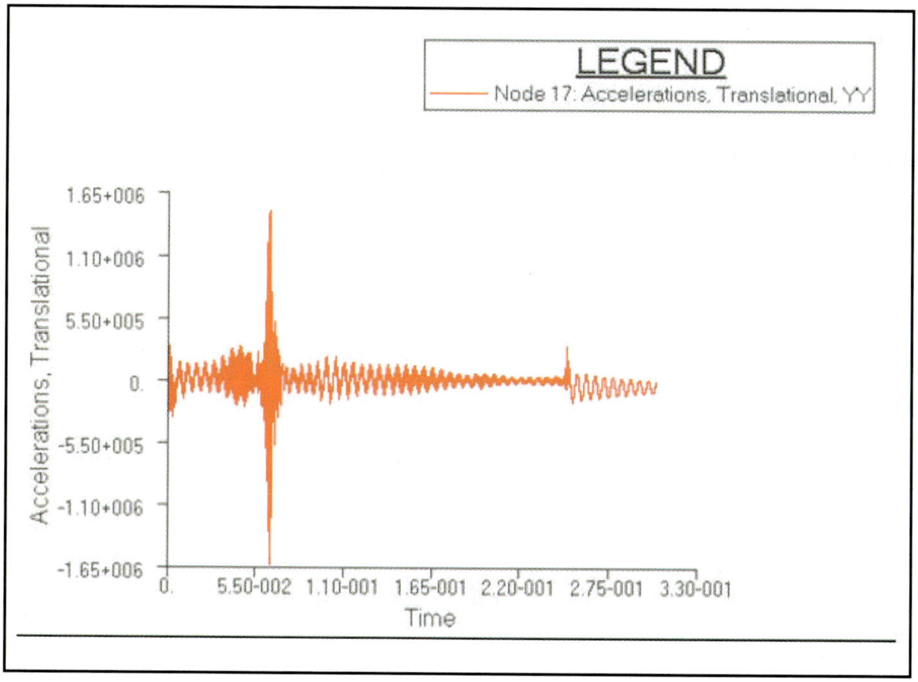

चित्र 13.3 त्वरण के लिए प्रघात अनुक्रिया स्पेक्ट्रम एक नोड पर

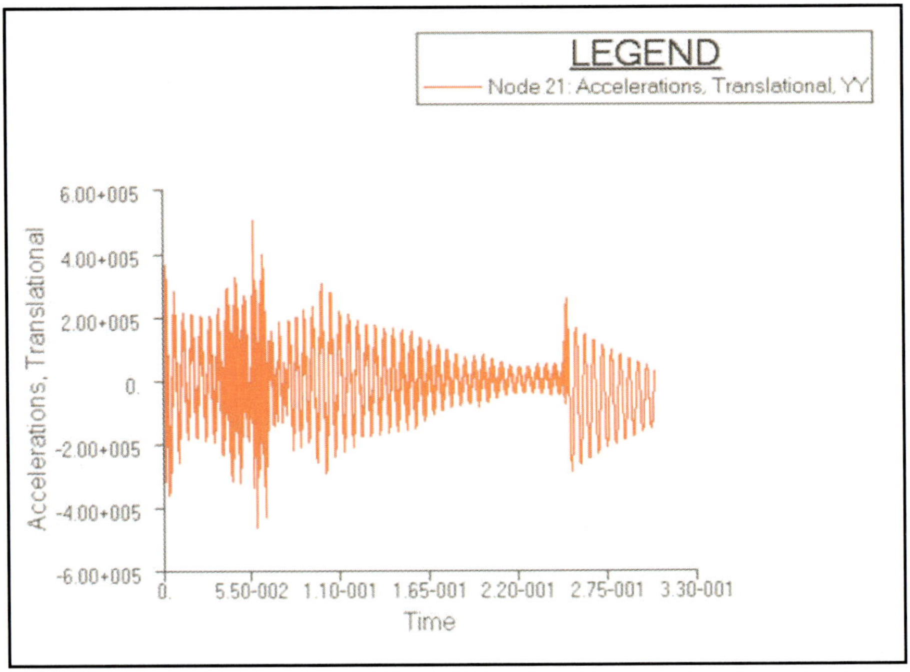

चित्र 13.4 त्वरण के लिए प्रघात अनुक्रिया स्पेक्ट्रम एक अन्य नोड पर

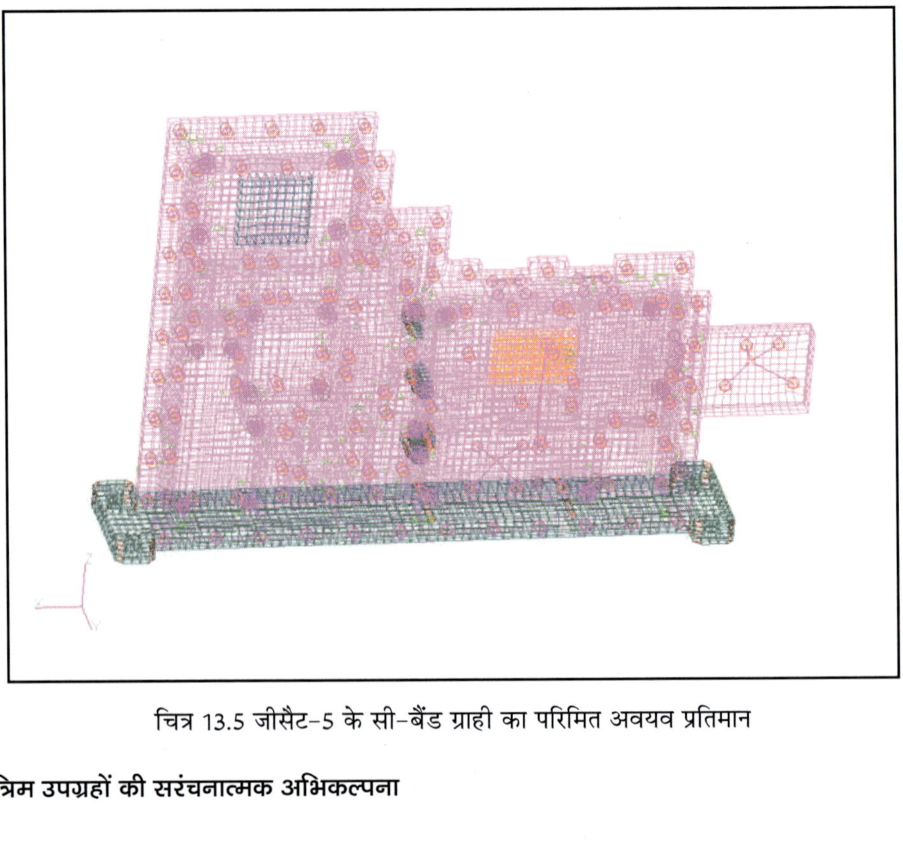

चित्र 13.5 जीसैट-5 के सी-बैंड ग्राही का परिमित अवयव प्रतिमान

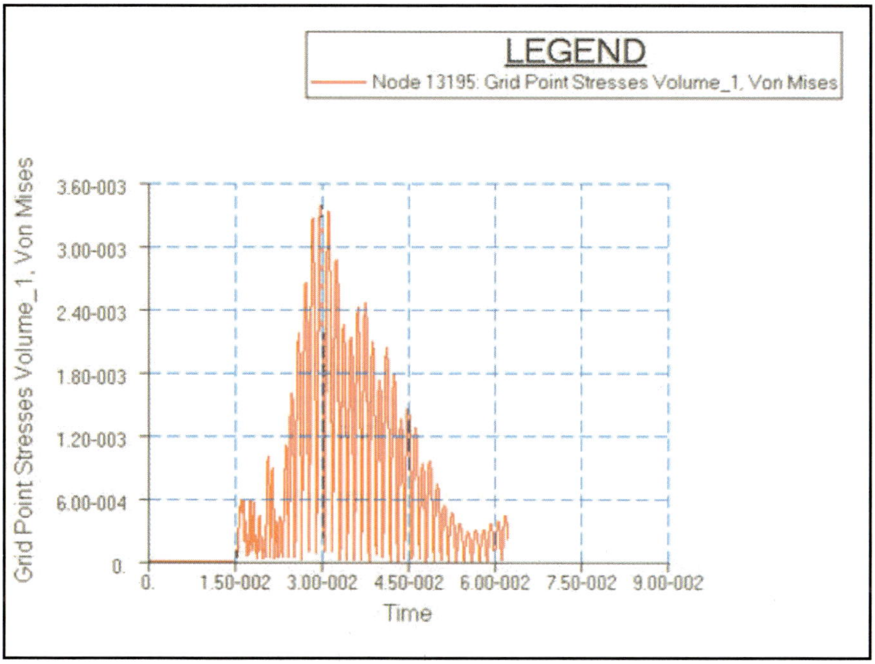

चित्र 13.6 प्रतिबल के लिए प्रघात अनुक्रिया स्पेक्ट्रम

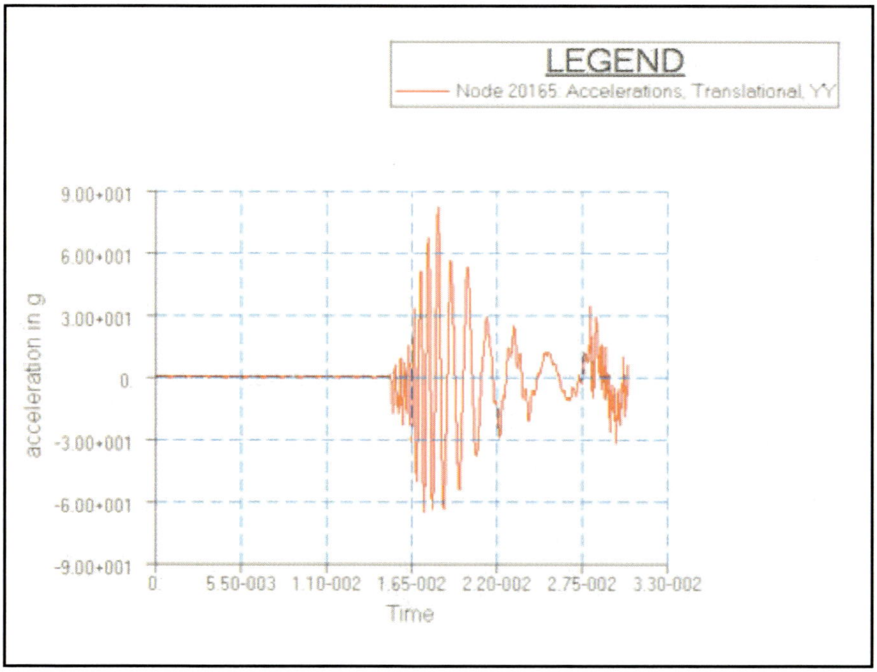

चित्र 13.7 त्वरण के लिए प्रघात अनुक्रिया स्पेक्ट्रम

14.0 नीतभारों का सड़क परिवहन जनित कंपन बलों के लिए संरचना विश्लेषण

14.0 जीसैट-4 उपग्रह के पुनरुज्जीवक नीतभार (Regenerative pay load) का सड़क परिवहन जनित कंपन बलों के लिए संरचना विश्लेषण

पुनरुज्जीवक नीतभार जीसैट-4 उपग्रह का एक महत्वपूर्ण उपकरण है। इसके द्वारा सूक्ष्म तरंग संकेतों को उपग्रह पर ही संसाधित (process) किया जा सकेगा।

14.1 नीतभार का परिचय

पुनरुज्जीवक नीतभार का वजन 73 किलो ग्राम है। इसके अंतर्गत 63 इलेक्ट्रानिक पैकेज आते हैं। इन इलेक्ट्रानिक पैकेजों को 6 समूहों में विभक्त किया गया है। प्रत्येक समूह की रचना दूसरे से भिन्न है। इन 6 समूहों में 3 समूह 11 पैकेज वाले, 2 समूह 12 पैकेज वाले और 1 समूह 6 पैकेज वाला है। प्रत्येक पैकेज में इलेक्ट्रानिक घटक और मुद्रित परिपथ फलक (P.C.B.) लगे हुए हैं।

सड़क परिवहन हेतु इन सभी पैकेजों को एक 6 मि.मी. मोटी एल्युमीनियम की चादर पर नट बोल्टों द्वारा स्थिर किया गया है। यह एल्युमीनियम की चादर 75 मि.मी. X 38 मि.मी. X 3 मि.मी. की चैनलों पर स्थिर है। इस पूरे सज्जीकरण (Assembly) को ट्रक की चेसिस पर स्थिर किया गया है।

14.2 संरचना विश्लेषण के लिए आँकड़े

संरचना के विभिन्न अवयवों के भारों का विवरण तालिका 14.1

तालिका 14.1

1.अनुलिपि (Dummy) उत्तर तख्ती का भार शहतीरों (beams) के साथ—79 कि.ग्रा.

2. सज्जीकरण का भार क्रमांक	पैकेज कूट	एक समूह का भार	कुल समूह	कुल भार
1.	GRP-10	12	4	48
2.	G90	9	1	9
3.	GRP-107	11	1	11
4.	परिपथ तारों का वजन			5
			योग	73 कि.ग्रा.
नीतभार सज्जीकरण का कुल वजन				79+73 = 152 कि.ग्रा.

नीतभार में प्रयुक्त पदार्थों के यांत्रिक गुणधर्म तालिका 14.2

तालिका 14.2

क्रमांक	पदार्थ	चरम तनन सामर्थ्य किलोग्राम/वर्ग मि.मी.	प्रत्यास्थता मापांक किलोग्राम /वर्ग मि.मी.	पाइजन का अनुपात	घनत्व	तापीय विस्तरण गुणांक
1	एल्युमीनियम	28	7000	0.34	2.7	24 E-6
2	मु.प.फ.(PCB)	28	21	0.118	2.042	14 E-6
3	मेग्नीशियम	22	4500	0.3	1.8	24 E-6

14.3 नीतभार पर लगने वाले बल

14.3.1 प्रमोचन बल : प्रमोचन बलों को गुरुत्वीय त्वरण (जी) के गुणांक में व्यक्त किया जाता है।

1.1 स्थायी स्थिति त्वरण (steady state acceleration) : 20 जी प्रत्येक अक्ष में स्वतंत्र रूप से

1.2 ज्यावक्रीय कंपन (sine vibration) : नीतभार के स्थापन समतल के लंबवत व समानांतर दिशाओं में यह बल निम्नलिखित है। तालिका 14.3

तालिका 14.3

स्थापन समतल के लंबवत		स्थापन समतल के समानांतर	
आवृत्ति (हट्र्ज)	स्तर	आवृत्ति (हट्र्ज)	स्तर
5-20	12.4 मिमी.	5-18	11.5 मि.मी.
20-70	20 'जी'	18-70	15 'जी'
70-100	10 'जी'	70-100	8 'जी'

2.3 यादृच्छिक कंपन (Random vibration) तालिका 14.4

तालिका 14.4

आवृत्ति (हट्र्ज)	स्तर
20-100	3 डीबी/अष्टक

100–700	0.1 जी2/ हट्र्ज
700–2000	–3 डीबी/अष्टक
समग्र 'जी'	11.8

14.3.2 सड़क परिवहन जनित कंपन बल

सड़क परिवहन के दौरान उत्पन्न कंपन बलों का निर्धारण मुख्यत: निम्मिलिखित स्थितियों पर आधारित होता है।

1. **सड़क की अवस्था :** जैसे कि समतल, रेतीली, ऊबड़–खाबड़

2.वाहन का प्रकार : विभिन्न वाहनों की बनावट के अनुसार उनके भिन्न–भिन्न अवयवों की आवृत्ति अलग–अलग होती है और तदनुसार वे सड़क से उत्पन्न कंपनों को कम या अधिक कर सकते हैं। सामान्यत: भारवाहक वाहन 1 से 12 हट्र्ज तक की आवृत्ति के कंपन उत्पन्न करते हैं।

3.वाहन की गति : वाहन को निर्धारित सीमा से अधिक गति से चलाने पर अधिक कंपन बल उत्पन्न हो सकते हैं और इससे नीतभार की सुरक्षा को खतरा उत्पन्न हो सकता है।

विश्लेषण के लिए निम्नलिखित तकनीकी साहित्य व प्रायोगिक परिणामों का उपयोग किया गया—

1. विभिन्न सड़क स्थितियों में माल–सामान पर लगने वाले अधिकतम कंपन बल (2.25 टन ट्रक व M–104 ट्रेलर के लिए) तालिका 14.5

तालिका 14.5

सड़क की अवस्था	अधिकतम त्वरण 'जी'				आवृत्ति
	लंबवत	पार्श्व	ऊर्ध्व	वेक्टर योग	
रेतीली	2.5	1.0	4.5	5.3	3.3 हट्र्ज
ऊबड़–खाबड़ (30 किमी/घंटा)	0.5	1.0	1.5	1.9	
समतल	1.0	0.25	1.0	1.4	

- हैंडबुक ऑफ वाइब्रेशन—हेरिस सी.एम.

2. जी–सैट–4 की उत्तर व दक्षिण पैनलों के सड़क परिवहन के दौरान कंपन की मापन तालिका 14.6

तालिका 14.6

अक्ष	उच्चतम त्वरण जी
x	8.61
y	6.0
z	18.8

14.4 संरचना विश्लेषण के परिणाम—

14.4.1 प्राकृतिक आवृत्ति—

मुद्रित परिपथ फलक	:	149 हट्र्ज
नीतभार	:	137 हट्र्ज
नीतभार और एल्युमीनियम तख्ती का सज्जीकरण	:	24 हट्र्ज
एल्युमीनियम तख्ती	:	34 हट्र्ज

14.4.2. प्रतिबल—

20 जी स्थायी स्थिति त्वरण के प्रमोचन बल के कारण प्राप्त प्रतिबल (stress)—

1. मुद्रित परिपथ फलक : 2 कि.ग्रा. /वर्ग मि.मी.
2. नीतभार के परिवहन के लिए उपयोग में प्रयुक्त एल्युमीनियम तख्ती : 16 कि.ग्रा. /वर्ग मि.मी.
3. मेग्नीशियम धारक (mount) : 1.8 कि.ग्रा /वर्ग मि.मी.

14.5 निष्कर्ष

1. संरचना विश्लेषण द्वारा नीतभार व एल्युमीनियम स्थिरीकरण तख्ती के सज्जीकरण की प्राकृतिक आवृत्ति 24 हट्र्ज प्राप्त हुई। यह मान नीतभार के सड़क परिवहन के दौरान उत्पन्न कंपन बलों की आवृत्ति (3.3 हट्र्ज) की तुलना में बहुत अधिक है।
   अत: परिवहन के दौरान किसी प्रकार के अनुनाद (resonance) की संभावना नहीं है।
2. सम्मिलित वानमाइसेस प्रतिबलों का मान नीतभार में प्रयुक्त पदार्थों की सुरक्षित सीमा से कम है। अत: नीतभार, परिवहन या प्रमोचन बलों से सुरक्षित है।
3. कंपन बलों से उत्पन्न झुकाव के कारण नीतभार के अवयवों के आपस में टकराने की संभावना नहीं है।
4. नीतभार की कंपन जाँच के परिणाम संतोषजनक रहे हैं।

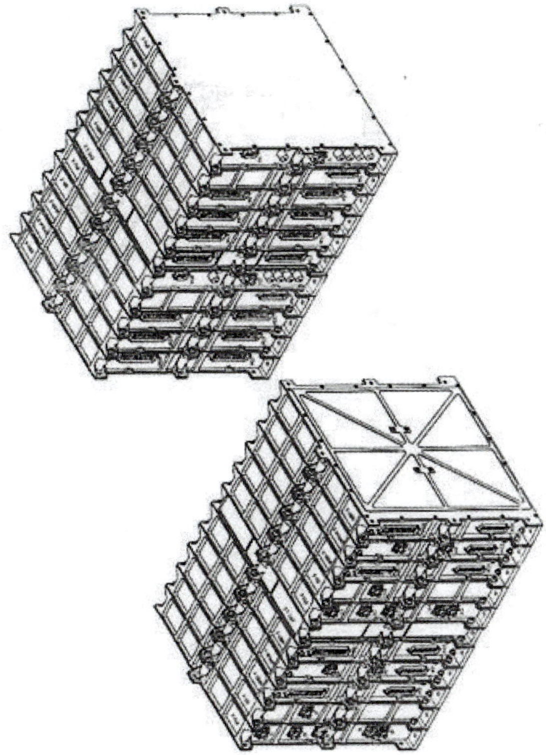

चित्र 14.1 पुनरुज्जीवक नीतभार के एक पैकेज का रेखा चित्र

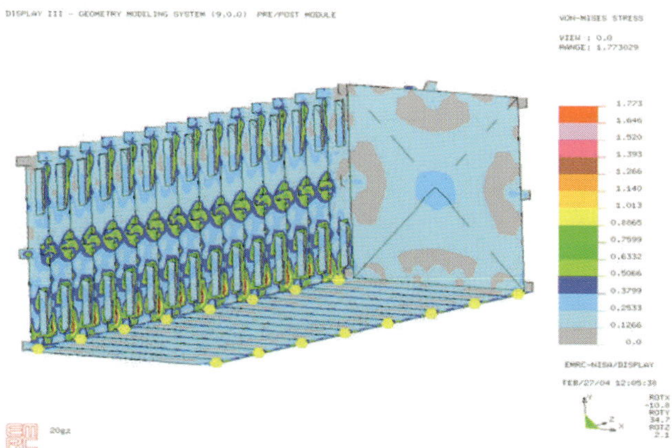

चित्र 14.2 20'जी' बल के कारण नीतभार में उत्पन्न प्रतिबलों का समोच्च

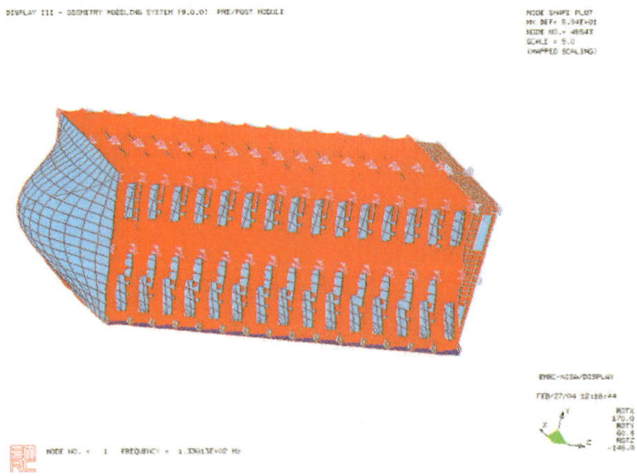

चित्र 14.3 नीतभार की प्रथम प्राकृतिक आवृत्ति–133 हर्ट्ज

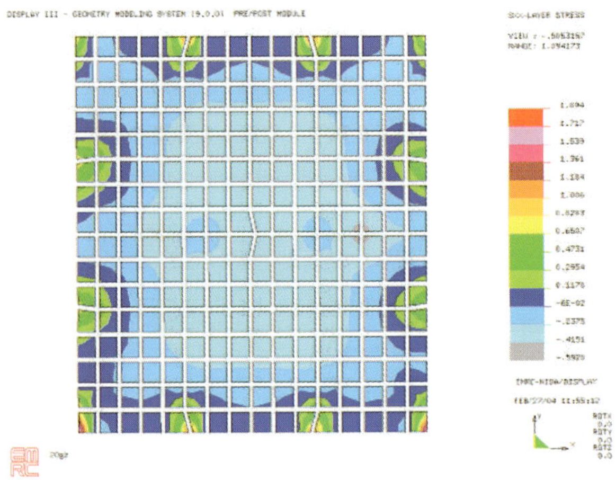

चित्र 14.4 पी.सी.बी. में 20 'जी' भार से उत्पन्न प्रतिबल

चित्र 14.5 परिवहन के लिए प्रयुक्त तख्ती का सीमित अवयव प्रतिमान

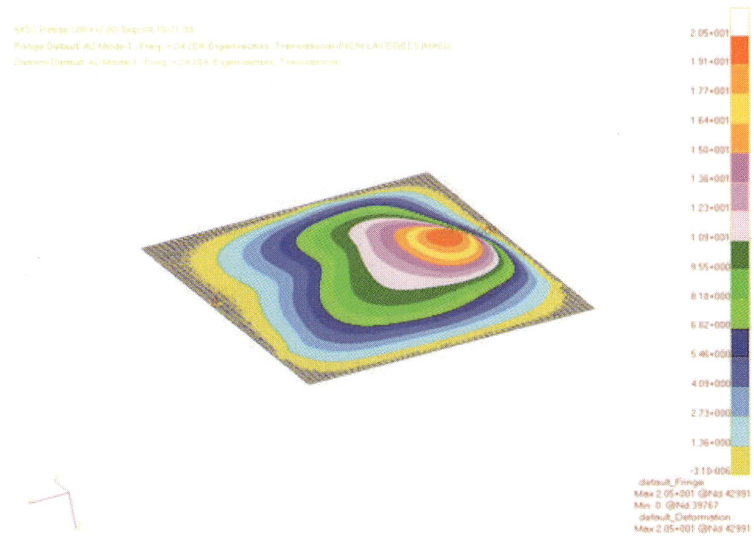

चित्र 14.6 नीतभार और परिवहन तख्ती की प्रथम प्राकृतिक आवृत्ति-24 हर्ट्ज

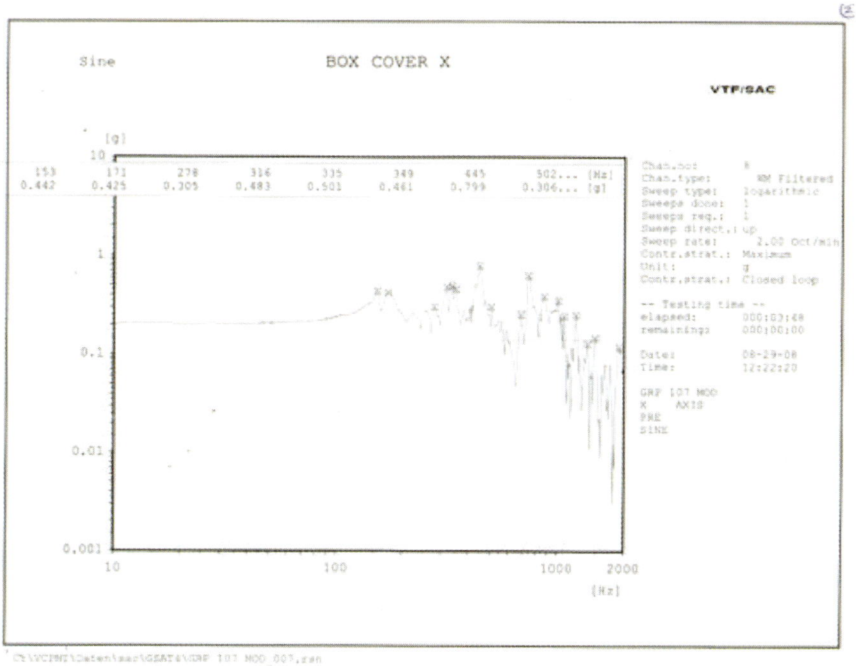

चित्र 14.7 नीतभार की कंपन जाँच के परिणाम

15.0 आभार

इस पुस्तक को लिखने की प्रेरणा हेतु लेखक, श्री तपन मिश्रा निदेशक, श्री ए एम झा उप निदेशक, श्री पी. जे. सोनी समूह निदेशक एवं डॉ. भवदीप सिंघ मुंजाल, प्रधान सरंचनात्मक प्रणाली प्रभाग, अंतरिक्ष उपयोग केंद्र, अहमदाबाद का एवं संरचना विश्लेषण के लिए रेखा चित्र और आँकड़े उपलब्ध कराने के लिए अंतरिक्ष उपयोग केंद्र के सहयोगियों तथा टंकण सहयोग के लिए हिंदी प्रकोष्ठ, का हृदय से आभारी है।

संदर्भ सूची

1. इसा (ESA) नीदरलैंड, गाइडलाइन्स फॉर स्पेस मटेरियल्स सिलेक्शन-इसा पी.एस.एस.-07, (QRM-01), अंक-4, जुलाई 1978.
2. ए.के. शाह और अन्य, आउटगेसिंग प्रापर्टीज इवेलुएशन ऑफ स्पेसवर्दी मटेरियल्स, जे.ए.ई. वाल्युम 10, नं. 1, 2013.
3. नासा (NASA) एस.पी. 8053, न्यूक्लिअर एंड स्पेस रेडिएशन इफेक्ट ऑन मटेरियल्स, नासा, जून 1970.
4. डी.एस.आर.क्यू. (DSRQ) इसरो, एनवायरनमेन्टल टेस्ट स्पेसीफिकेशन रिक्वायरमेन्ट्स, इसरो-पास-202 अंक-2, अगस्त 2014.
5. नासा (NASA) एस.पी. 3025 ML-TDR-6440, SUPP. 1, स्पेस मटेरियल्स एक्सपिरियन्स, नासा
6. कोलिन्स, जे.ए.,फेल्योर ऑफ मटेरियलस इन मेकेनिकल डिजाइन, जॉन विली एंड संस, 1981
7. विजकर, जाप, मेकेनिकल वाइब्रेशन्स इन स्पेसक्राफ्ट स्ट्रक्चर्स, स्प्रिंगर, 2004
8. पुरुषोत्तम गुप्ता, जीसैट-4 के पुनरुज्जीवक नीतभार (Regenerative payload) का सड़क परिवहन जनित कंपन के लिए संरचना विश्लेषण, तकनीकी हिंदी सेमिनार, अंतरिक्ष उपयोग केंद्र, अहमदाबाद, 29/1/2009.
9. रिपोर्ट ऑन स्ट्रक्चरल एनेलिसिस ऑफ स्विच ब्रेकेट असेम्बली फार जी सैट 10 प्रोजेक्ट, डाक्युमेन्ट नं . SAC/MESA/STAG/STAD/STR/2010/03, 10/12/2010.
10. हैन्डबुक ऑफ वाइब्रेशन, सिरिल एम. हेरिस
11. वजकर, जेकब जाब, स्पेसक्राफ्ट स्ट्रक्चर्स, स्प्रिंगर-वरलाग, 2008

12. नीलमणी मोहंती (एडिटर), आवर ट्रिस्ट विथ स्पेस, अंतरिक्ष उपयोग केंद्र, इसरो, अहमदाबाद,1992
13. देसाई, चंद्रकांत एस. और एबल, जॉन एफ, इन्ट्रोडक्शन टु फाइनाइट एलीमेंट मेथड, लिट्टन एजुकेशनल पब्लिशिंग, आइ.एन.सी., 1972.
14. कुक, राबर्ट डी, मालकुस डेविड एस,प्लेशा माइकल ई., विट, राबर्ट जे., कॉन्सेप्ट एंड एप्लीकेशन्स आफ फाइनाइट एलीमेंट एनालिसिस, जॉन विली एंड संस, आई. एन. सी., 2003.
15. पुरुषोत्तम गुप्ता एवं डॉ. पी.वी.बी.ए.एस. सर्मा, नीतभारों का प्रघात बल के लिए संरचना विश्लेषण, अंतर केंद्रीय हिंदी सेमीनार, द्रव नोदन प्रणाली केंद्र इसरो, वलियमाला, 2010.
16. अग्रवाल बी.एन., डिजाइन आफ जियोसिंक्रोनस स्पेस क्राफ्ट, प्रेन्टिस हाल, आइ.एन.सी., इंगलवुड क्लिप्स, एन.जे. 07632,1986.
17. गेरे जे.एम. और टिमो शेंको एस.पी., मेकेनिक्स आफ मटेरियल्स, सी.बी.एस. पब्लिशर्स एंड डिस्ट्रिब्यूटर्स प्राइवेट लिमिटेड. नई दिल्ली,1986.
18. एम.एस.सी. नास्ट्रान डाक्युमेन्टेशन.
19. डॉ. केदारनाथ शुक्ल, भारतीय गणित-एक-सूक्ष्मावलोकन, आविष्कार, नेशनल रिसर्च डेवलपमेंट कार्पोरेशन, नई दिल्ली, अगस्त 2013.
20. एक्सीलरोमीटर रेकार्ड ऑफ जीसैट-4 नार्थ एंड साउथ पैनल जेनरेटेड डयूरिंग 18.01.08-30.01.08
21. रिपोर्ट ऑन स्ट्रक्चरल एनेलिसिस ऑफ रिजनरेटिव पेलोड डाक्यूमेंट नं. GSAT/ STAF/ क/ 01/ 1/03 2004.

शब्दावली

Acceleration due to gravity	गुरुत्वीय त्वरण
Acoustic Vibration	ध्वानिक कंपन
Assembly	सज्जीकरण
Beam	शहतीर
Carbon Fiber Reinforced Plastic	कार्बन रेशा प्रबलित प्लास्टिक
Column	खंभा
Deformation	विक्षेपण
Electrical network	वैद्युत तंत्र
Factor of safety	सुरक्षा गुणक
Finite Element Model	सीमित अवयव प्रतिमान
Folded structure	वलित संरचना
Model	प्रतिमान
Moment of Inertia	आघूर्ण जड़त्व
Natural Frequency	प्राकृतिक आवृत्ति
Node	ग्रंथि
Numerical method	संख्यात्मक विधि
Orbital load	कक्षीय बल
Payload	नीतभार

Plot	लेखा चित्र
Polynomial	बहुपद
Post processing	पश्च संसाधन
Potential	विभव
Preprocessing	पूर्व संसाधन
Random vibration	यादृच्छिक कंपन
Shock Load	प्रघात बल
Sine vibration	हलक
Solar panel	ज्यावक्रीय कंपन
Solver	सौर फलक
Stress	प्रतिबल
Stress	प्रतिबल
Stress resultant	प्रतिबल फलनक
Structural analysis	संरचना विश्लेषण
Structural design	संरचनात्मक अभिकल्पन
Structural Optimization	संरचनात्मक इष्टतमीकरण
Three dimensional	त्रिविमीय
Torsional stiffness	मरोड़ी दुर्नम्यता

□□□